なぜ、飲食店は一年でつぶれるのか？

飲食店専門
弁護士が明かす
トラブルと解決法

弁護士
石﨑　冬貴　著

旭屋出版

まえがき

はじめまして。飲食店専門弁護士の石﨑と申します。私は、弁護士として登録してから、ほぼ一貫して、飲食店や飲食関連産業を専門的に扱うほぼ唯一の弁護士として活動を続けてきました。その理由は、小規模な飲食店を支える弁護士が、全くといっていいほどいないこと、私の敬愛する祖父が、浅草で米の小売業をやっていたことです。私自身で、「飲食法務」という分野を切り開いていこうという意気込みで始め、これからも、第一人者といわれるように日々研鑽を積みたいと思っています。

外食産業の特殊性は、小規模な事業者が多いということ、そして、そのトラブルの特殊性は、小規模な問題が日々無数に生じるということです。これまで、新規開業の許認可問題、賃貸借紛争、従業員トラブル、クレーマー対応、破産など、様々なトラブルのご相談を受けてきました。はっきりいって、そのどれもが、紛争になる前に、一言、相談してもらえれば、いくらでも予防できたものです。ただそれは、裏を返せば、私たち法律家が、飲食店の身近にいなかった証拠だとも思います。

本書のタイトルは、「なぜ、飲食店は一年でつぶれるのか」というものです。刺激的なタイトルで、外食産業の専門家から貴重なご批判もいただきましたが、あえてこのタイトルにしました。それは、飲食店を成功させる方法について書かれた書籍が多くある一方で、飲食店の極めて高い閉店率を直視した書籍がなかったからです。

飲食店がすぐ閉店になる最も大きな理由は、見通しの甘さと資金繰り以外にありません。それでは、常連客も付いて、経営も軌道に乗っていそうにもかかわらず、突然閉店するお店があるのはなぜでしょうか。それこそが、法律トラブルなのです。

本書では、ここ最近、最もご相談の多い①賃貸借紛争、②労務問題、③食品衛生、④クレーマー対策を中心に解説しました。どれも、飲食店経営者であれば一度は直面したことのある問題だと思います。紙幅の関係で、問題の所在と解決の視点についての概説にとどまりましたが、本書に記載した内容を頭の片隅に置いておくだけで、飲食店を巡る問題の多くは予防できると自負しています。最初から通しで読めるように、読み物として書きましたが、興味のある点だけでも参考になるようにしてあります。

本書によって、一つでも多くの飲食店が、その悩みを解決し、「美味しいものをお客様に提供する」という飲食店の本来の業務に集中できる一助となれば、これ以上の幸せはありません。

弁護士　石﨑　冬貴

目次

第一章

―飲食店賃貸借契約の落とし穴

1 飲食店と賃貸借契約

飲食店を開店する上で避けて通れない大きな問題は、店舗の賃貸借契約を巡る問題です。最近では、「外食」から「中食」（なかしょく、ちゅうしょく。外で総菜などの調理済みのものを購入し、持ち帰って自宅などで食べること。）へシフトしているといわれていますが、それでも、調理する場所は必要ですから、やはり、飲食店と賃貸借契約は切り離せないことになります。飲食店を巡るトラブルで、最初に出てきて、かつ、最も重要なものが、この賃貸借トラブルです。

飲食店を出店しようとするときは、誰もがみな、バラ色の未来を想像しています。内装は細部までこだわり、特別にあしらえたテーブルの上には、名工の食器に、選び抜いた食材が美しく盛り付けられている。活気あふれる店内で、どのお客様も笑顔で舌鼓を打っている・・・こんな風景を思い描いているはずです。

しかし、「店を出せば儲かる」ほど、飲食店は甘くありません。飲食店は、思い立ったら誰でも出店できる最も参入障壁が低い激戦の業界です。

「この物件、路面で建物もきれいだし、イメージしてた内装にもぴったり。ほかの人も問い合わせしているみたいだし、もうここで決めてしまおう！夢の実現には第一印象が大事だし、あとは自分の努力でなんとでもなるはず！」

厳しい話ですが、こうした甘い見通しで飲食店を始めれば、本当に苦しい日々が待っています。私は、飲食店を専門的に扱う弁護士として、数多くの飲食店の開業と廃業をみてきましたが、ご相談で最も多いのが、この賃貸借トラブルです。平成29年7月にぐるなびが行った廃業理由の調査でも、「光熱費・家賃が払えない」が8.8％を占めています。

飲食店がいばらの道に迷い込んでしまう第一歩が、物件選びと賃貸借契約なのです。この章では、賃貸借契約で「最低限」気を付けなければならない点を解説していきます。

▼FLRコスト

どの物件を選ぶか自体、とても重要なことです。いわゆる「FLRコスト」（Food：材料費、Labor：人件費、Rent：家賃）に表されるように、家賃は、飲食店のランニングコストの中でも非常に大きな部分を占めますから、初期費用を含め、想定している売上げと、家賃の比率は相応なものなのか、よく検討しましょう。

▼ランニングコスト

また、当然ですが、物件の立地は、売上げに極めて重要な影響を与えます。その立地、その物件は、ターゲットにマッチしているのか、突き詰めて考える必要があります。

▼物件選び
▼重要事項説明書
▼賃貸借契約

契約に入る前に、物件選びから、慎重に行動してください。

2 賃貸借契約のイロハ

物件を内覧して、いざ契約となった場合、大体の方は、仲介業者や管理会社から契約書と重要事項説明書を渡されます。「眠い・・・」なんて思いながら、右から左で話を聞き、まあ大丈夫だろうと思って、そこに印鑑を押してしまうのが通常ではないでしょうか。

確かに、賃料や敷金・保証金など、目の前で重要なお金のところだけ気になってしまうのは当然だと思います。ただ、賃貸借契約は、飲食店経営者が締結する契約の中でも、非常に重要なものの一つです。何より単価が大きいですから。最低限、次の点はしっかりと見ておきましょう。

▼使用の目的

目的・用途

賃貸借契約には、必ず、使用の目的が記載されています。例えば、「居酒屋として使用する」とか、「レストランとして使用する」とか、何のためにその物件を使用するのか、しっかりと書かれているのです。もちろん、最初は確たる目的をもって物件を借りるはずですから、特に問題はありません。何にしようかな、とふらついた気持ちで物件を借りる人はいないはずです。でも、当初は小料理屋をやっていたが、後からカラオケを設置して、カラオケ居酒屋にしたい、なんてケースは珍しくないはずです。

ところが、当初の使用目的を「小料理屋」として、「そのほかの目的には使用しない」と定めていたのに、後から、勝手にカラオケ居酒屋に変更すればトラブルは必至です。大家さんからすれば、「静かで上品な小料理屋だから貸すと決めたのに、騒がしく、近隣にも影響が大きいカラオケ居酒屋になるなんて思わなかった!そんなのは認めない」と考えるのも無理からぬことです。

契約上の目的と違うお店になっている、ということになれば、それを理由として、賃貸借契約が解除されてしまう可能性もあります。

もちろん、どこまでその目的に含まれるかという線引きは非常に難しいところです。

▼敷金

▼保証金

▼敷引き

▼解約時償却

「バー」と「スナック」は違うのか、「フレンチレストラン」と定めていて「イタリアン」をやってはいけないのか、場面場面で判断しなければなりませんが、トラブルの火種を作らないことが重要なのです。

保証金

飲食店の賃貸借契約では、一般的に、保証金を差し入れる必要があります。普通の住居でいうところの「敷金」になりますね。もちろん、事業用であっても、「敷金」という名前であることもあります。いわゆる「敷金」と一番違うところは、その金額が高額になることです。敷金であれば、せいぜい2か月程度でしょうし、ゼロの場合も珍しくありません。しかし、保証金の場合、半年から一年分に及びます。これだけで、初期費用として数百万円になってしまいます。

さらに気を付けなければならないのは、保証金の取り扱いです。いわゆる「敷金」といえば、退去時に、未払いの賃料と、クリーニングなどの原状回復費用を除いて、いくらかなりとも返ってくるのがほとんどでしょう。しかし、保証金の場合、ほとんど返ってこないと考えた方がよいと思います。

その理由の一つが、「敷引き」や「解約時償却」というものです。関西圏にお住いの方ですと、割となじみのあるものかもしれませんが、知らないと、なんだそりゃ、と思うかもしれません。要は、解約時に、理由を問わず引かれる費用です。解約時「敷引き3か月」とか「解約時3か月分償却」とあれば、それは、保証金のうち、3か月分は、自動的に引かれて返ってこないということを意味します。事業用物件の場合、月額の家賃自体が高いですから、これはかなりの負担です。

▼更新時

うちはそう簡単に撤退するつもりはないよ！という方も注意が必要です。更新時に償却がある契約も存在します。更新料と保証金の償却を合わせれば、すぐに百万円近い金額になりかねません。とにかく、保証金は返ってくるだろうと安易な気持ちでいると、退去時に痛い目をみることになります。

保証金が返ってこないもう一つの理由は、原状回復費用です。普通の家と違って、飲食店の場合、当然、色々な設備を設置しますし、火を使い、油を使い、多くの人が出入りします。したがって、ごみを捨てて、ハウスクリーニングをかけて、というだけでも、大掛かりになってしまうのです。

▼原状回復費用

原状回復費用は、入った時のとおりにする費用ですから、使い方によって異なりますが、一般的には、坪2~3万円程度と考えてよいと思います。ただ、昨今は、建設業界の人手不足で、もう少し高くなっているともいわれています。また、比較的汚れにくい喫茶店よりも、焼き肉店など、火や油を使う方が、ダクトや配管が詰まったり、

▼資金計画

▼権利金

▼礼金

▼期間途中での解約

壁や床も汚れやすいですから、原状回復費用が多くかかりがちです。そのあたりもよく考えて資金計画を立ててください。

原状回復費用が最も問題となるのは、今流行りの居抜き物件です。これについては、この章の第5項（40ページ）から詳しく解説します。

そのほか、権利金や礼金という名目で、純粋に返ってこない金銭が定められていることもあります。このあたりもしっかりと確認してください。

期間・途中解約（定期賃貸借）

契約期間については、当然、どの方もしっかりとチェックすると思います。問題は、途中解約の際の負担についてです。例えば、「期間途中での解約は、6か月前に予告するものとする。ただし、6か月分の家賃を支払って即時解約することができる。」というような規定があるとします。この場合、赤字だから店を畳みたいと思っても、泣く泣く6か月お店を継続するか、立ち退いているにも関わらず、6か月分の家賃を支払わなければならない、まさに「引くも地獄進むも地獄」という状態になってしまいます。

大家さんは次のテナントをみつければいいじゃないか、というご意見ももっともですが、このような内容の契約も一般的には有効といわれています。予告期間が長いと、借り手にとっては非常に不利ですから、契約の段階でしっかりと交渉すべきでしょう。

▼定期借家

最も気を付けなければならないのは、定期借家という形の契約です。定期借家というのは、「賃貸借契約の期間は、平成〇年〇月から平成〇年〇月までとする。この契約は、期間満了をもって終了し、更新はないものとする。」といった規定がある契約です。(加えて、法律上は、契約書だけでなく、「定期借家契約だから更新がありませんよ」という内容の別の書面も必要です。)通常の契約も、契約期間は設けていますが、更新についての規定が定められているかどうかの違いがあります。

定期借家契約の場合、期間が終われば自動的に契約が終わってしまいますから、再契約するかどうかは、大家さん次第になります。いくら「お願いします!」と頭を下げても、大家さんがなんとなく嫌だと思えば、立ち退かなければならないのです。これに対して、普通の賃貸借契約では、テナント側が非常に強く守られていますから、ルールを守って使い続ける限り、基本的に、大家さん側から「出ていけ」とはいえません。

ようやくお店も軌道に乗ってきて、賃貸借契約も更新しようと思ったところで、定期借家の場合、大家さんの都合で立ち退かなければならないこともあるのです。

4 定期借家契約で気を付けなければいけないのは、中途解約の規定です。例えば、

▼残期間の賃料

▼違約金

年間の定期借家契約を締結したが、残念ながら、1年にも満たず撤退せざるを得なくなった場合、残期間の賃料についてどう考えるべきでしょうか。通常は、途中解約の場合、残期間分全額の賃料相当額を、違約金として支払うという内容の規定が設けられています。このケースであれば、退去するにもかかわらず、3年以上の家賃を支払わなければならないということです。普通の感覚では、あまりにひどい話に思えてしまいます。

実は、このケースは、実際の裁判を基にしています。実際の事案での違約金はなんと6000万円以上！細かい事情は割愛しますが、結論的に、裁判所は、退去後数か月で次のテナントが入ったという事情も加味して、1年分に限って、違約金を認めました。それでも2000万円弱です。これを、3年以上が1年になったのであればまあ妥当か、と感じるか、数か月分でも大家さんが家賃を二重取りするのはおかしい、と感じるか、色々な意見があると思いますが、少なくとも、裁判所が、違約金の定め自体を有効と判断したのは、一つ大きな意味があるでしょう。

私自身、定期借家契約で、残期間の違約金を請求された事案を受けたことがあります。退去後速やかに次のテナントが見つかった場合には違約金を減額する、などのオプションも提示しましたが、大家さん側は強硬でした。保証金という人質を取られているのも、こちらにとっては痛いところです。訴訟も辞さないと激しく交渉しましたが、長期間にわたって交渉している最中に、売上げが回復してきたため、最終的には、退去しないという判断になりました。結果的にはお互い痛みを伴わずに済みましたが、実務的には、大家さん側が非常に強く出るということを忘れてはいけません。

飲食店の物件では、定期借家契約の利用が非常に増えています。確かに、大家さん側にとってはメリットが大きく、そのため、いい物件が市場に出やすいという面もありますが、反面、借り手にとってはリスクの大きい契約です。定期借家契約を締結するときは、くれぐれも気を付けてください。

転貸

▼場所貸し
▼時間貸し
▼転貸

飲食店というのは、お店を開けているのが商売の基本です。家賃については、ほうっておいてもかかってしまいますから、できる限り、お店は開けておきたいということになります。もちろん、実際には、マンパワーの問題があり、24時間開けておくのは不可能です。（飲食店の人手不足対策については、第二章参照）

それを回避するために、最近では、「時間貸し」や「場所貸し」などの転貸を行っている飲食店が増えています。使わない時間に、第三者に又貸しすることで、自分は転貸料をもらうことができ、さらには、自分のお店のプロモーションにもなるという

▼無断転貸

意図です。「時間貸し」では、「飲食マッチ．ＣＯＭ」など、「場所貸し」では、「Ｓｐａｃｅｅ」「軒先ビジネス」など、それぞれのマッチングサービスを行っている専門的な業者も登場しています。それだけ流行っているということですね。

「時間貸し」とは、要は、本体の店が営業していない時間帯に、物件全体を貸し出すことを指します。スナックやバーなど、夜しか営業していない店が、ランチ営業をしたい方に、お昼だけ物件を貸し出すなどが一般的です。「場所貸し」とは、物件の一部を貸し出すことを指し、本体の店が営業しているかどうかは関係ありません。軒先での弁当販売や、スーパーでの実演販売などがその例です。

いずれにしろ、これらの形態は、法的には転貸ということができますが、「場所貸し」「時間貸し」には、意外と知らないリスクが潜んでいます。

まず最初に確認しなければならないのは、元の賃貸借契約が、転貸可能となっているかどうかです。一般的な賃貸借契約では、転貸は禁止されています。ほとんど調理しないバーとして貸していたのに、全然知らないダイニングに又貸しされていたら、大家さんとしては困ってしまいます。転貸を考える場合には、まず、大家さんの同意を取ることから始めましょう。無断転貸は、典型的な賃貸借契約の解除事由ですから、売上アップを狙ってやったことで、賃貸借契約自体を解除されてしまう大惨事になりかねません。

▼経営委託・営業委託

なお、最近では、同意は得られない、でも又貸しはしたいという場合に、転貸ではなく、店舗の経営委託・営業委託という方法を取ることがあります。貸しているのではなく、看板や屋号はあくまで同じ店のままで、あくまで、店舗の運営だけを第三者に任せているだけなのだ、という分かるような分からないようなロジックです。これは実際にも問題になることがありますが、「これ」という判断要素がないのが実情です。細かい法律論は置いておきますが、要は、実質的に第三者に貸しているといえるかどうかが重要といえるでしょう。例えば、経営委託と言いながら、第三者は自分でその営業や収支を完全に管理していて、賃借人では全く口を出せない状態になっていれば、転貸といわざるを得ないでしょう。実際に、裁判所もそのように考えているようです。

▼転借人

次に、気を付けなければならないのは、転貸した相手（転借人）が問題を起こした場合の対応です。ここでは、大家さんから、ある物件を借りたAさんが、昼間の時間だけBさんに又貸しし、Bさんは、そこでランチ営業をすることになったと仮定しましょう。Bさんが、ランチの定食を作っているとき、誤って床を汚してしまいました。この場合、大家さんに対しては、Bさんだけでなく、Aさんも責任を取らなければなりません。大家さんから損害賠償を求められた場合、Aさんは、「いや、汚したのは私ではないですから、Bさんに請求してくださいよ！」とはいえないのです。もちろん、Aさんが清掃費用を支払った場合、最終的には、それをBさんに支払ってもらうことはできます。しかし、法律的には、Aさんも請求されるリスクがあるということです。

これらは大家さんとの関係でしたが、もちろん、直接的に問題となるのは、賃借人（先ほどのAさん）と転借人（先ほどのBさん）との関係です。

まずは、転借人が何をしようとしているのかをしっかりと把握し、契約の中に盛り込んでおく必要があります。「時間貸し」なら何時から何時までなのか、「場所貸し」ならどのスペースなのか、そして、その時間・その場所で何をするのかをしっかりと明示するということです。

▼場所貸し
▼時間貸し

転貸の期間については、当然ですが、元の賃貸借契約の期間と合わせる必要があります。契約の更新の方法や時期についても、元の賃貸借契約と合わせておくのが合理的です。加えて、元の賃貸借契約が解除された際には、同時に転貸についても解除されるとしておくと、リスクは抑えられます。

最も重要なのは、転貸料の支払時期、光熱費の負担など、お金の話を中心とした条件面ですが、それ以外にも、先ほど述べたように、備品の取扱いや、万が一、物件や設備に損害を与えてしまった場合の対応方法や負担なども、しっかりと定めておかなければなりません。

何かあった場合の立入検査や、損害保険の加入なども、元の賃貸借契約を参考にしっかりと定めておきましょう。

見落としがちなのは、賃借人が出ていく場合の取り決めです。先ほどの例でいえば、又貸しのBさんのランチ営業は好調だけれども、本体のAさんの営業は芳しくないということは当然ありえます。そのような場合に、Aさんだけ退去するが、Bさんは残るというわけにはいきません。その場合の対応についてもしっかりと定めておいた方がよいでしょう。

3 内装業者

無事、理想の物件を見つけることができ、賃貸借契約も締結できれば、晴れて、飲食店経営の第一歩を歩みだしたといってよいでしょう。ここがあなたの「戦場」になるわけです。

しかし、このままでは当然お店にはなりません。これから、立派なお店として仕上げるために、内装工事に取り掛かる必要があります。この内装工事、実はかなりトラブルが多いのです。

一番多いのが、「発注と違う」「工期通りに終わらない」「追加費用を求められる」など、工事の内容そのものについてのトラブルです。飲食店を開く際には、大体の場合、理想の店内風景を思い描いているはずですが、意外と、細かいところは業者にお任せ、ということが多いため、頭の中のイメージと違うということで問題になるのです。

小規模であっても、内装工事は、ある程度の費用がかかります。その割に、業者から渡された、項目だけ箇条書きにしてある発注書に押印して終わり、というケースが問題の原因だと思われます。詳細な3D画像や今流行りのVRまでよこせとはいえませんが、少なくとも、イメージ図などで、業者との間で意思疎通をしておく必要があるでしょう。

また、初めて飲食店を開こうという方からすれば、内装業者の比較もできず、誰かの紹介を受ければ、まあ大丈夫だろうとそのまま発注してしまうことが多いようです。私の経験上、この紹介者で多いのは、当の物件を仲介してくれた不動産業者や管理会社です。ただ、不動産業者は、内装業者を紹介しているだけで、仮にトラブルになったとしても、「大変ですね」というだけで、責任を取ってくれるわけではありません。業者については、しっかりと自分で吟味すること、また、開業準備で忙しいとは思いますが、業者に任せっきりにしないこと、この2点は非常に重要です。

私が実際に取り扱った事件ですが、内装工事一式を依頼したところ、その業者が、実は資金繰りに困っていて、外注の職人さんに支払う費用がなく、工事が完全にストップしてしまった、というものがありました。この内装業者も、不動産業者から紹介されていましたが、トラブルになってから調べてみると、運転資金が枯渇していて、基本的に次の工事費用が入るまで、前の工事はストップするという自転車操業で噂の業者でした。不動産業者も、なぜこのような業者を紹介するのか理解に苦しみますが、当然ながら、何かしてくれるわけではありません。ひどいケースでは、工事費用の中に、業務用冷蔵庫やレンジフードなど、機械や設備そのものの費用が含まれているという場合もあり、そうなると、意味もなく機械や設備の費用を二重払いしなければならなくなってしまうのです。

もちろん、別業界から飲食店への転身などであれば、業界に詳しくないのが当然です。不動産業者や、知人などから紹介してもらうことで、安価な上、便宜を図ってくれる業者もあるかもしれません。ただ、紹介だから大丈夫だろうと勝手に考えることだけはやめた方がよいでしょう。

先ほどの私が実際に対応したケースでも、内装業者に連絡しても、金がない、の一点張りで、弁護士からの通知も全て無視。建設業許可の関係で、役所に通報もしましたが、資金繰りが厳しいとか、詐欺まがいだというのは、直接、建設業法に違反しているわけではないため、役所も手出しできず。最終的に、職人さんに個人的に費用を払って工事を進めてもらったり、塗装など自分でできることはオーナー自ら行わざるを得なくなった、というひどいものでした。確かに、いくら業者がめちゃくちゃなことをしても、それは大家さんには関係のない話で、賃料だけは発生し続けますから、オーナーとしても何かできることはないか、ということになります。開店までの初期費用が増えるだけでなく、オープンが遅れることで、開店前から、返済計画が狂ってしまう大変な事態になってしまいました。

そのほか、意外な落とし穴としては、厨房器具の設置が終わった段階で、いざ保健所に連絡したら、営業許可が通らないというケースもあります。その意味でも、事前にどのような完成形になるのか、業者との間でしっかりと詰めておきましょう。

また、開店後にも、内装の改修工事や、新しい厨房器具の設置はありますから、この問題は、開店時だけではありません。現在、すでに飲食店経営を行っているオーナーさんにも、ぜひ気を付けてもらいたいと思います。最近でも、給排水工事、吸排気工事などで、想定の数値や結果を下回っていたということでの相談を受けました。これらは、そこまで単価が高くないために、費用対効果を考えて、訴訟などの法的手続まではできず、泣き寝入りのような形になってしまうことが多いのではないでしょうか。

内装工事を巡るトラブルは、業者との間だけではありません。典型的なのは、大家

▼給排水工事
▼吸排気工事

▼大家さんとの間でのトラブル

▼増改築
▼内装工事

▼営業補償の問題

▼A工事
▼B工事
▼C工事

さんとの間でのトラブルです。自分の理想に近づけていくと、どうしてもこだわりが出てきますが、あまりに凝ってしまうと、問題が起きます。例えば、建物自体（躯体）に手を加えてしまうのは、内装工事ではなく増改築と考えられ、当然、契約違反です。最近は、路面店ですと、立ち飲みなども増えていますから、共用部分に張り出す机を設置してしまって、大家さんとトラブルになったというケースもあります。

それから、内装工事では、ある程度の騒音は避けられません。新築の建物でなければ、周囲の店舗は営業中ですから、騒音や悪臭などで、周囲の店舗に影響を与えることがあります。周囲の店舗と大家さんが、防音工事などを求めるとともに、営業補償の問題を出してくることもあります。一軒家でも、近隣住民が示し合わせ、対応を求めてきたということも聞いたことがあります。周囲の店舗も、改修をすることはありますので、お互い様ではありますが、工事前に、工事の内容と工期については、関係者にしっかりと説明しておいた方がよいでしょう。

少し話は変わりますが、大規模な商業ビルの場合、管理規約があり、工事の内容によって、進め方が整理されています。いわゆるA工事、B工事、C工事というものです。この中で、思わぬトラブルになるのが、B工事です、念のため整理しますと、A工事は、建物そのもの（梁、床、壁などの躯体）に関わる工事で、当然、建物所有者であるビルオーナーが、自分の費用で行うものです。C工事は、純粋な内装工事で、店舗側が、店舗側の費用で、自分で業者を選んで行うものです。B工事は、店舗側の要望で行うA工事と理解してください。よくあるのは、1階と2階を借りて、内階段を付けるという場合です。また、消防設備も、個室などお店の内装によって必要なものが変わりますので、B工事となることがほとんどです。

このB工事、何が問題かというと、躯体に関わる工事ということで、業者はビルオーナーが選ぶものの、その要望自体は店舗側が出しているため、費用は店舗側が負担するという点です。普通はいくつかの業者に相見積もりをかけますが、B工事の場合、業者はビルオーナーの指定業者ですから、相見積もりはおろか、業者の言い値になってしまうのです。

一般的には、規約でそうなっていて、全ての業者に同様の対応を求めていますから、なかなかこれを覆すのは困難ですが、交渉自体は当然可能です。また、B工事は躯体に関する工事ですし、特に新築ビルの場合は、今後のテナントも使える可能性がありますから、ビルオーナーとの交渉で、B工事ではなくA工事に入れてもらい、ビルオーナー側の負担にしてもらえる可能性もあります。

いずれにせよ、言いなりではなく、店舗側からも積極的に交渉を持ち掛けてほしいと思います。備品については、現物ですからあまり心配いりません。

4 賃料交渉

オープン後、固定客も付き、営業も順調。余裕があるし、第2店舗も出してみようか、なんて考えていた矢先、降ってくるのが、大家さんからの賃料交渉です。最近では、2020年の東京オリンピック開催に伴って、バブル期以来の地価高騰といわれていますから、大家さんも、何とかして賃料を上げようと、契約解除まで持ち出して、積極的に交渉してきます。

もちろん、賃料を下げてほしいという店舗側からの交渉もあり得ます。すでに分譲マンションなどでは、オリンピック開催決定からの建造ラッシュが一段落し、オリンピック後のバブル崩壊を見越して、価格も下がりつつあるようです。また、東京や大阪などの大都市圏を除いては、そもそも地価は下がり続け、むしろ空き家対策などが必要な状況になっています。その意味では、店舗側からの賃料交渉というものを、もっと積極的にやっていくべきだと思います。

この章では、想定される事案を踏まえ、増額交渉と減額交渉に分けて、それぞれの店舗側の対応のポイントを解説します。

賃料増額交渉

当然ですが、増額交渉を行うのは大家さん側です。一般的に、店舗側からの減額交渉よりも、大家さん側からの増額交渉の方が多いといわれています。店舗側は、その物件との関係は、その契約をしている間だけですし、どうしても折り合わなければ別の物件を探せばよいという一方で、大家さんとしては、今のテナントとの契約が終わっても、次のテナントとの関係があり、賃料の上げ下げは、長い期間にわたって影響がありますから、増額の話をする動機が強いことが理由と思われます。要はその物件の賃料相場自体を上げたいということです。

大家さんが賃料の増額を持ち掛ける場合、端的に、「賃料を上げてほしい。上げてもらえなければ更新しない。」といってくることがほとんどだと思います。不動産の契約にあまり慣れていないと、借りている店舗側としては、かなり動揺し、大家さん側に主導権を握られてしまいますが、決して焦ってはいけません。

まずは、現在の賃貸借契約が、定期かどうかを調べてみましょう。定期賃貸借かどうかの判断は、契約の更新がないと明記されているかどうか、そのことについて、賃

▼定期賃貸借契約

▼普通賃貸借契約

▼借地借家法

貸借契約書とは別の書面があるかどうか、この2つです。ほとんどの賃貸借契約では、単純に、「平成○年から平成○年までとする。契約を更新する場合は、○か月前までに相手方に通知する。」となっていますが、これだけでは、定期賃貸借契約ではありません（14ページ「期間・途中解約（定期賃貸借）」の項も参照）。

定期賃貸借契約の場合、その期間の満了で契約が終わってしまい、その後、改めて契約するかどうかをお互いに決めますので、大家さん側に主導権を握られてしまいます。そうならないためにも、好物件の場合には、定期ではなく、普通賃貸借契約を結ぶ必要があります。仮に定期賃貸借契約になってしまっていた場合、法律上は、かなり不利ですが、それでも、大家さん側としては、よほど相場とかけ離れていない限り、安定的に、切れ目なく賃料を払ってもらうことを優先するはずです。居座れというわけではありませんが、店舗側としては、今後もその物件でお店をやっていきたいことを明確にして、ぎりぎりまで営業を続けることで、大家さん側とも交渉ができるはずです。大家さん側としても、無理やり鍵を変えてしまったり、店舗の営業妨害まではできませんし、裁判をやれば時間も費用もかかりますから、交渉で終わらせたいはずです。賃料の増額幅について譲歩してもらったり、増額時期について、一気にではなく少しずつ増やすような形にするなど、お互いに飲める案を協議してみて下さい。

定期賃貸借でなければ、店舗側が圧倒的に有利です。今の法律（主に借地借家法）

では、物件を借りる人に有利なルールがたくさんありますから、大家さん側も、賃料増額に応じなければ出て行ってもらうとはいえないのです。よく勘違いされますが、これは、居住用でも事業用でも違いはありません。

少しだけ法律の話をしますと、普通賃貸借契約の場合、大家さん側は、借主に対し、正当な理由がなければ、更新を拒否できません。この正当な理由というのは、客観的なものである必要があり、「ただ気に食わない」とか「相性が悪い」といったものではいけません。それどころか、信頼関係が破壊されたとまでいえなければならず、一度賃料が不払いになったくらいでは、信頼関係は破壊されないといわれています。ですから、実際に、賃料が相場より安かったとしても、一度は、お互いに納得してその金額で合意したわけですから、契約後になってから、天災など予測できないようなことが起きたといった事情がない限り、契約の更新は拒否できないということになります。契約の更新を拒否できませんから、店舗側が営業し続ければ、単純に元の契約のとおりで更新されるのです。

要は、賃料交渉で折り合いがつかなくとも、元の契約通りの賃料を払っていればいいということになります。仮に大家さんが受け取らない場合には、法務局に供託することになりますが、大家さんとしても背に腹は代えられませんから、納得していなくても受け取るでしょう。

▼差額配分法
▼利回り法
▼スライド法
▼賃貸事例比較法

では、大家さん側が何もできないのかというと、もちろんそういうわけではありません。賃料の増額を求める裁判を起こすことができるのです。ただ、この裁判は、先に調停を起こす必要があったり、そもそも、少し相場から安かったくらいでは、裁判所も、そう簡単に増額を認めることはありません。相場より安いことを証明すること自体が非常に難しいのです。実務的には、差額配分法、利回り法、スライド法、賃貸事例比較法の４つを比較し、総合的に判断することになります(詳細は次項を参照)が、不動産鑑定士などの専門家による鑑定にも、費用が掛かります。そのほか、弁護士費用だけでなく、裁判となれば時間が掛かりますから、大家さん（特に不動産を専門に扱う会社などではなく、個人や財産管理だけを目的とする小さな会社の場合）としても、あまり面倒なことはやりたくないのが本音でしょう。

とにかく、法律上も、実際のコストなどの面でも、大家さんとしては、簡単に賃料の増額を求めることはできませんので、店舗側としては、しっかりと要望を伝えて交渉することをお勧めします。

賃料減額交渉

逆に、借りている店舗側から賃料の減額を請求することもあります。ただ、先ほどのとおり、店舗側としては、折り合いがつかなければ最悪出ていくこともできますし、調停や訴訟などやっている間に、更新時や経営的な事情も変わる可能性がありますから、店舗側が積極的に減額交渉をすることはそう多くはないはずです。

それでも、賃料は、いわゆるＦＬＲコストの中でも、非常に大きなコストですし、しかも、材料費と異なり、売上げに直結しない固定費ですから、少しでも下げたいというのが本音だと思われます。

法律の面で考えると、先ほどと同様、現在の賃貸借契約が、定期賃貸借契約か普通賃貸借契約によって分けて考えていくべきでしょう。

定期賃貸借契約の場合、そもそも契約の更新（再契約）自体が、大家さん側にゆだねられていますから、店舗側として、再契約を望むのであれば、あまり強く賃料交渉ができないというのが実情です。大家さんとの間で信頼関係を築き、大家さんとの間で「良きテナント」となったところで、お願いのような形で切り出すほかないと思います。そのくらい、定期賃貸借契約は、大家さんに有利なものであるということを再認識してほしいところです。

他方、普通賃貸借契約であれば、店舗側が非常に有利ですから、積極的な交渉もあり得ると思います。特に複数店舗を経営している場合は、全店について同時に減額交渉を行うことで、非常に大きなコストカットが見込めます。とはいえ、店舗側が勝手

▼路線価
▼公示地価
▼固定資産税評価
▼差額配分法

に賃料を決められるわけではありませんし、できるだけ大家さんも減額したくないのが本音ですから、そこは交渉が必要です。それでも、交渉自体は、積極的に行うべきだと思います。

元々借り手がつかない空き家だったというような特殊な事情がない限り、基本的に、大家さん側が有利なのは間違いありません。したがって、店舗側としては、どのような資料に基づいて、どうやって大家さんを説得するか、どれだけ店舗側の真剣さを示すことができるか、という点が重要であるといえます。

賃料の減額交渉は、準備・交渉・合意という段階で進んでいきますが、ほとんどは、準備（下調べと資料作成）の段階にかかっていると思ってよいでしょう。

相場となる適正な賃料は、路線価、公示地価、固定資産税評価。周辺の類似物件の価額などを基にして計算しますが、その方法にも様々なものがあります。あまり深入りはしませんが、それぞれの方法についての考え方は簡単に、次のとおりです。

まず、「差額配分法」は、現在の賃料と、これから想定される賃料の差額を計算し、そこに一定の配分率に従って、賃料を増減させるというものです。たとえば、現在の賃料が40万円、新しい賃料が60万円として、配分率を2分の1（または3分の1）とすると、差額の20万円の2分の1である10万円を割り振って、50万円と定めることになります。ただ、この計算法では、そもそも新しい賃料自体に争いがないことが前提になりますし、配分率はどうするか、減額の場合も同じように計算するべきなのかなど、決めなければならないことがたくさんあるという問題があります。この計算法は、元々、「地価は上がるもの」ということが共通認識であった時代に、そのまま地価を上げてしまわないように、つまり、増額を抑制するように編み出された方法ですので、新しい賃料自体に大きな争いがあるとか、地価が下がるといったことはあまり想定されていないことから、現在の減額交渉には使いにくい方法といえるかもしれません。もちろん、店舗側にとって都合のよい数字を集めて、資料の一つとして提出することはありえます。

▼利回り法

次に、利回り法ですが、これは、まず、現在の家賃から共益費などを控除してから、その家賃を定めた時点での対象不動産の時価で割って利回りを出します。その利回りを、現在の対象不動産の価値に乗じた上で、共益費を加えて、現在の家賃を出します。この方法は、緩やかに不動産価額が変動している場合に、不動産の価値を家賃に反映させることができますが、元の利回りを基準に計算しますので、元の不動産価格と今の不動産価格に差がある場合（急激に地価が変動したり、前回の賃料設定時から現在まで相当長期間が経過している場合など）や、個別事情によって元の賃料が一時的に高かったり低かったりする場合でも、その利回りが基本となって計算されてしまい、結局、修正が必要となるという問題点があります。

▼スライド法

▼賃貸事例比較法

次に、スライド法ですが、これは、現在の賃料に家賃指数、消費者物価指数などの指標の変動をかけて計算する方法です。通常は、色々な指数を組み合わせて検討しますが、どの指数を用いるかによって、家賃相場や経済情勢など、社会の変化を反映することができますし、指数自体は客観的な数字ですので、お互いにもめにくいというメリットがあります。一方で、元の賃料自体が、相場とかけ離れていたり、場所やお互いの関係性など、契約の個別具体的な事情を考慮できないという点で、デメリットもあります。指標についても、色々な指標がありますが、逆にいえば、ぴたりとくる指標がないのです。

次に、賃貸事例比較法ですが、これは、単純に、類似の賃貸事例を探してきて、その比較から、基準となる賃料を算定するというものです。実際に近い環境でどのような賃料相場となっているかを求めることができますから、似た物件が見つかれば、お互いに納得感を得られると思います。また、賃貸の募集時や当初の契約交渉など、実際の交渉場面では、「このあたりだと路面店で坪○万円」といった形で決めることもありますから、イメージも付きやすいはずです。ただ、極端なことをいえば、山奥の一軒家や、特異なデザイナーズ物件など、そもそも比較対照がない場合、この方法は使えません。また、ある物件の価格は機械的に決まるわけではなく、定期賃貸借だから安く下げているとか、現在のテナントが特別にその物件を気に入って、無理やりコンペに競り勝ったなど、個別の事情をどこまで反映するかという問題もあります。

以上みてきたように、どの方法もメリットデメリットがありますし、数字の使い方でかなり上下があります。同じ物件について、別の不動産鑑定士に鑑定を依頼した場合、それぞれ差がある結論になることも珍しくありません。したがって、大家さん側、店舗側、それぞれが、自分にとって都合のいい鑑定方法と鑑定結果を持ってきて、お互いに交渉することもあります。少なくとも調停や訴訟となればそうなります。いずれにしても、大家さんを説得できるような準備をしっかりとしておくということが重要です。

賃料交渉は、準備がほとんどですが、その後、その準備をもって交渉に臨まなければなりません。ここは、店舗側として、少しでも賃料を減額してほしいという強い思いと、折り合わなければ調停や訴訟に進むという迫力が必要です。その後、合意の際にも、どのような覚書、契約書を作成するか、検討しなければなりませんから、やはり、本気で賃料交渉を行うのであれば、早めに専門家に相談した方がよいでしょう。

減額調停と訴訟

交渉でうまくいかず、経営状態、相場との乖離、今後の店舗展開などを考えて、や

▼賃料減額調停

▼調停委員

はり減額を求めたいという場合には、賃料減額調停を起こすことになります。そこでも折り合いがつかなければ、訴訟に移行しますが、このような流れは、大家さん側からの増額請求でも同じですので、いざというときに慌てないためにも、手続について も簡単に説明しておきたいと思います。

まず、交渉で決着がつかない場合には、裁判所に調停を申し立てることになります。調停というのは、調停委員を交え、問題点を整理しながら、協議を続けていきます。当事者同士では話し合いが難しくとも、専門家（大都市圏では、不動産鑑定士が加わります。）である調停委員が間に入ることで、うまく話が進むこともあるのです。期日と期日の間に、調停委員が現地を訪問することもあります。

何度か協議を続け、うまく話し合いができれば、調停成立となり、その場合、裁判所の方で調停調書を作成してくれます。なお、あまり使われることは多くありませんが、調停委員の判断に任せるという制度もあります。これは、お互いが、「調停委員の判断に任せる」という書面を提出し、調停員の判断に任せることになりますが、この場合は、その内容に不服を申し立てることができません。

調停の期間は、どれだけ協議を続けるかによって異なりますが、半年から1年程度は覚悟した方がよいでしょう。

最終的に折り合いがつかなかった場合や、そもそも相手方が出てこないといった場合には、調停は不成立になります。こうして調停が不成立になって初めて、訴訟を提起することができるのです。

訴訟となると、最終的に、裁判所は一定の金額を判決で示さなければいけませんから、双方が、主張や立証を尽くしていくことになります。ただ、賃料の算定については、専門的な意見が必要ですから、一般的には、お互いに自分にとって都合の良い鑑定を出した上で、裁判所も中立の不動産鑑定士を選任します。これらの鑑定結果をもとに、結論を出しますが、裁判所はこの鑑定結果に従う必要はありませんので、違う結論になる場合もあります。裁判所は、判決より前に、和解を勧めますが、和解ができず、判決が出た後の手続きは、普通の裁判と変わりません。納得ができなければ、控訴することになります。

調停から訴訟となると、年単位で時間がかかりますが、その間、お互いに相当な賃料について争っていますから、お互いにいくら賃料を払うべきか分かりません。このような場合には、①大家さんが賃料の増額を請求しているときは、店舗側が妥当な金額を支払えばよく（通常は、元の賃料となります。）、②店舗側が賃料の減額を請求している場合には、大家さん側が妥当と思う金額を請求でき（ここは、大家さん側が返り討ちにするために、元の賃料よりむしろ高い金額を請求することもあります。）、あとで差額が生じた場合には、その金額に年1割の利息を加算して支払う、または返還しなければならないというルールになっています。調停や訴訟の中で和解が成立しそうな場合は、差額についての処理も定めておくのが通常です。いずれにしても、もめているからといって決まるまで支払わない、ということですと、単純に賃料の不払いになりますので、注意が必要です。ほとんどの場合、大家さん側も、暫定分ということで受け取るとは思いますが、仮に受け取らない場合には、供託といった手続きも必要となってきます。

なお、これらは、あくまで一般的な流れですので、例外などがありますから、裁判手続きを利用する際には、必ず弁護士などの専門家に相談してください。

紛争予防のために

賃料の増減額についても、紛争予防は可能です。あまりありませんが、賃料を増額しないという特約も認められています。逆に、賃料を減額しないという特約は、定期賃貸借契約を除き、認められておらず、契約書に記載しても無効となります。この意味でも、定期賃貸借契約は、大家さんにとって有利といえますね。

ただ、増減額しないという特約が定められることは珍しく、一般的には、「賃料が不相当となった場合、双方当事者は、協議により賃料を改訂することができる。」といった内容になっているはずです。これではどういう場合に不相当となるのか、不相当となった場合にどう解決するのかについて、全く決まっていませんから、紛争を予防することはできません。

この点への解決策として、自動的に賃料を改定する特約を定めることがあります。一般的には、公租公課（固定資産税や都市計画税などの税金）、不動産の評価額（路線価など）、各種指標（消費者物価指数など）など、客観的な数値に従って、自動的に賃料を改訂していくというものです。

また、最近では多くありませんが、自動的に賃料を○％ずつ上げていく、という規定もありますが、あまりに高すぎると、無効となる場合もあります。

なお、賃料改定特約がある場合、一応の目安がありますから、調停をせず、いきなり訴訟を行うことができます。

▼公租公課
▼不動産の評価額
▼各種指標

5 居抜き物件・退去時清算

ここ最近は、居抜き物件を利用することも一般的になってきました。居抜き物件を専門的に扱うマッチングサービスも盛況のようです。ご承知のとおり、居抜き物件は、出店にかかる初期費用を大幅に減らすことができますし、退去する側も、現状回復をせずに済んだり、大家さんもすぐに次のテナントを入れることができるという意味で、まさに「三方良し」とも思えます。しかし、居抜き物件が増えるにしたがって、トラブルも非常に増えていますので、ぜひ居抜き物件を借りる際の注意点について事前にしっかりと押えてほしいと思います。また、合わせて、退去時の清算、原状回復についても解説します。

居抜き物件とは

いわゆる「居抜き」を法律的に整理すると、一般的には、前の店舗から次の店舗への賃貸者契約の移転と什器備品の売買ということになります。前の店舗としては、本来であればスケルトン返しで多額の費用が掛かるところ、原状回復費用や廃棄費用が掛からないどころか、物によっては売却できますので、店舗の閉め方としては非常にメリットがあります。当然ですが、次のテナントとしては、初期費用を抑えて出店できますし、前のテナントの「看板」や顧客を引き継げる場合もありますから、お互いにメリットがあるわけです。

しかしながら、居抜き物件には、大家さんという登場人物がいることを忘れてはなりません。当然ながら、前の店舗と次の店舗が合意したといっても、勝手に賃貸借契約を譲渡することはできませんから、大家さんの承諾を得る必要があります（17ページ「転貸」の項を参照）。したがって、この大家さんとの関係が一つポイントになります。

また、前の店舗としては、お金を受け取って、名義を書き換えてしまえば終わりですが、次の店舗は、その物件で運営していかなければなりません。前の店舗が信頼できるのかどうか、もしトラブルになった場合の取り決めをしっかりしているのか、これらの視点も必要になってきます。

大家さんとのトラブル

前の店舗から賃貸借契約を引き継ぐには、大家さんの承諾が必要です。前のテナントと交渉している中で、「大家さんには承諾を得ている」などと口約束をする場合がありますが、これは非常に危険です。

前のテナントとの間で無事話がまとまって、普通に営業していたところ、大家さんから連絡があり、承諾した覚えはないからすぐに出て行ってくれ、などというトラブルです。スナックやラウンジなど夜の店ですと、簡単な契約書すら作らず、看板だけすげかえて、本当にそのまますぐに営業を始めることがありますが、いくら早く「売りたい」「買いたい」といっても、ある程度の交通整理と書面化は必要でしょう。相手が外国人の場合も、「自己責任」と突っぱねられることがあったり、そもそもしっかりと意思疎通ができていない場合がありますので、注意してください。

ここまでルーズでなくとも、賃貸借契約の期間をどうするのか（元の賃貸借契約のとおりにするのか、再契約にするのかなど）、敷金・保証金をどうするのか（引き継ぐのか、一度返還するのか、その時点での原状回復相当額をどうするのかなど）、原状回復をどうするのか（前の店舗の造作や設備などをどう取り扱うのかなど）といった点は、どれも致命傷になりかねない重要なものばかりです。後でトラブルのないように、大家さんを交えて、しっかりと三者間で合意し、契約書を作成してください。

前の店舗とのトラブル

前の店舗との間でトラブルになりやすいのは、什器備品など、設備面の移転に関してです。

一般的に、什器備品については、現状有姿で性能などは保証しない、つまり、見たまま、あるままをそのまま譲り、後で文句をいわないという形で移転することが多いと思います。つい細かいところまでは見ていなかったり、今、動いていれば問題ないだろうと、契約を進めてしまいがちですが、備品類に故障などの問題があると、特に厨房機器などは、それ自体単価が高いですし、修理や購入までの間、営業が停止してしまいますから、影響は甚大です。調理器具ですと、クレームにもつながるでしょう。

また、厨房機器の場合、単価が高いですから、リースで購入していることも珍しくありません。この点について、前の店舗との間で何の取り決めもしていないと、売り主である前のテナントが支払いを停止し、リース会社に、厨房機器を引き上げられてしまう可能性があります。

細かいことと思ってしまうかもしれませんが、譲り受ける機械・設備がしっかりと動くものか、経年劣化していないか、いつどこから買ったもので、保証書はあるのかなど、万が一の際に困らないように、確認を怠ってはなりません。もし問題があるようであれば、万が一の場合の保証を付けてもらうなり、その点を什器・備品の売買代金に反映させるなり、対応を検討してください。

そのほか、次の店舗が退去する際は、通常、前の店舗での造作・設備も含めて退去することになりますから、現在どのような内装となっていて、どこまで原状回復しなければならないのか、入居の段階でよく確認しておいてください（原状回復については次項参照）。実際にあったケースで、居抜きでの入居時には、内階段で1階と2階がつながった店舗でしたが、いざ退去しようとすると、大家さんから図面を渡され、「もともと、この物件には内階段がなかったから、退去に伴って撤去してください。」といわれ、1000万近い見積もりを渡されたものがありました。

また、前の店舗が、躯体にまで穴を開けていたせいで、大家さんからその修理まで求められたというケースもあります。

内装や備品だけでなく、躯体についてもよく確認した方がよいでしょう。

原状回復・退去時清算

お店の経営は長続きした方がよいですが、いろいろな事情で、店舗を撤退することは当然にあり得ます。その際、問題になるのが、原状回復と退去時の清算です。しかも、一般的には、戦略的に撤退するケースや大家さんからの立退きを求められるケースは多くなく、経営がうまくいかず撤退することが多いと思われます。その場合、最後の最後でまた費用を負担しなければならないことになりますから、泣きっ面に蜂といえるかもしれません。ただ、実際に紛争化してしまう原状回復のトラブルは、しっかりと準備することで、防ぐことができるものばかりです。出店時に退店することは考えたくないかもしれませんが、あとで思わぬ費用を負担しないためにも、しっかりと準備しておきましょう。

原状回復で重要なのは、「何が原状か」という点につきます。一般的な契約書では、退去時には借主の負担で原状回復することが定められているだけです。しかしながら、「原状」という言葉だけでは、具体的な内容が分かりません。特に居抜き物件では、前の店舗から譲り受けたときの「原状」に戻すのか、内装全てを撤去してスケルトンにするのかによって、工事の内容が大きく変わります。もっといえば、現状が何かについては、図面や写真をしっかりと添付し、客観的にその範囲をしっかりと定めておけば、原状回復で揉める可能性はかなり下がると思います。

また、通常損耗については、居住用の賃貸借物件ですと、最近はかなり細かく定められていて、分かりやすく、また、紛争化しにくくなっています。しかしながら、事業用ですと、どうせ汚れるだろうということで、通常そこまで定めません。むしろ、共用部分と専有部分の間（店舗だけが使用する配管など）についての修繕費用は、店舗側が負担するとなっていることさえあります。納得した上で応じたのであれば問題ありませんが、契約時には契約を優先してしまい、あまり吟味せず契約を結んでしまうことは珍しくありません。すぐに契約してしまうのではなく、契約の内容は確実に理解するように努めてください。

第二章

―労務問題の落とし穴

1 長時間労働

飲食店の長時間労働はやむを得ないのか

飲食業界では、長時間労働が当たり前という風土があります。正社員ともなれば、「週6勤務。出勤日は10時間以上勤務で、土日はフル稼働。バイトの穴やトラブルがあれば、直ちに対応。」こんな状況が珍しくありません。労働基準法が想定している基本的な労働時間は、1日8時間、週40時間です。法律と実態に差があるのは常とはいっても、あまりにかけ離れています。

昔話ですが、私自身、飲食店で勤務していたことがあります。100人近く入れるお店で、定休日もなく、ランチから深夜まで通し営業をしている店舗でしたが、正社員は一人で、あとは全てアルバイトでした。定休日もありませんでしたので、その正社員は、基本的に毎日出勤しており、現場の調理業務から、事務作業まで全てを一人で回していました。たまの休日も、オープンとクローズの作業だけをするために出勤していましたし、トラブル対応で、深夜に別の店舗から材料を持ってくることも日常的にありました。慢性的な人手不足の中で、その従業員は淡々と業務をこなしていましたが、過重労働なのは傍から見ても明らかでした。このような労働環境で、はたして、充実した仕事ができるでしょうか。私が辞めた後に、その店舗が食中毒事件を起こしたことは、このような過重労働と無縁とは思えないのです。

▼過重労働

電通事件の影響

平成27年12月25日、株式会社電通の新入社員が、社員寮から飛び降りて自らその命を絶ちました。報道によれば、この社員の一か月の時間外労働は、過労死ラインといわれる80時間をはるかに超える約130時間。この事件は、電通という大手企業で生じたことや、当事者が女性の新入社員であり、パワハラやセクハラの存在もうかがわれたことから、非常に大きく報道されました。

ちょうどこの事件と同じ年、平成27年4月に生まれたのが、過重労働撲滅特別対策班、通称「かとく」です。違法な長時間労働に対する指導監督を行うべく、厚生労働省が、東京労働局と大阪労働局の2か所に設置しました。全員、10年以上のキャリアがある労働基準監督官によって構成されており、豊富な実務経験を有しています。それればかりでなく、最近は、勤怠管理もパソコンやクラウドサービスで行われています

▼かとく

▼デジタル・フォレンジック

▼労働基準監督官

ので、これらのデータの改ざんを見抜くために、「デジタル・フォレンジック」（電子データの調査、解析・復元などを意味します）などにも対応できる専門的な技術を持った監督官を集めた部署です。電通事件は、この「かとく」が生まれた直後の事件でした。

大きな注目を集めた電通事件でしたので、「かとく」の動きも非常に厳しいものでした。平成28年10月、電通本社や全国の支店に調査に入ったかと思うと、11月には家宅捜索令状を取って、強制捜査に踏み切ったのです。「労働基準監督官」というと、あまりなじみがないかもしれませんが、実は非常に強い権限を持っていて、警察官と同様に、令状を取って、逮捕したり家宅捜索をすることができます。悪質な事件については、検察官に送致し、経営者が処罰されることもあるのです。いわば、労働事件専門の警察官といえます。これまでも、労働基準監督官が、そのような警察と同じ権限を行使することはありましたが、これまで任意の調査で留まっていたものが、「かとく」の設置と、電通事件以降、各労働局や労働基準監督官は、非常に積極的に活動している印象です。

特にこの「かとく」は、長時間労働の疑いがある大企業に対し、調査や指導にとどまらず、家宅捜索を行って徹底的に調べ上げ、企業や役員を書類送検しています。書類送検の対象は、会社だけでなく、会社の役員も含まれます。

大きく報道されたケースとして、ＡＢＣマート、「和食さと」の運営会社、ドン・キホーテ、大阪のスーパーマーケット「コノミヤ」などがありますが、当然ながら、これは大企業だけの問題ではありません。平成28年4月から平成29年3月までの間に、違法な時間外労働があったとして是正勧告があった事業所は、なんと1万272か所の事業場に及びます（平成29年7月26日付厚労省発表）。

また、労働基準法違反などで書類送検した企業を、まとめてホームページで公表する制度もできました。これにより公表された企業は、平成28年の10月から半年で、334件にも上り、現在も、定期的に更新されています。ここには、パナソニックや日本郵便、そして電通などの大企業から、中小企業まで網羅的に含まれているのです。

長時間労働による摘発は、決して対岸の火事ではありません。そして、長時間労働が最も多い業界が、他でもない飲食業界なのです。

時短勤務のススメ

一度原点に立ち返ってみましょう。そもそも、なぜ長時間労働が生まれるのでしょうか。答えは単純で、仕事の量と人手のバランスが崩れているからです。飲食店の場合、「お客様との距離が一番近い業界」といわれるように、調理だけでなく、接客が必要になります。そのため、充実したサービスを行おうとすると、どうしてもある程度の人手がかかせません。生活時間帯の変化によって、深夜の来客も増え、深夜営業、昼夜通し営業、24時間営業という形態も一般的になりました。そもそも、飲食店は、店舗を賃借していますから、お店をできるだけ稼働させないと、それ自体損になります。また、少し長いスパンでみれば、高齢化社会による労働人口の減少が、これに輪をかけています。業務が増えるが、人は減る。単純な話なのです。

それでは、長時間労働を抑制するにはどうしたらよいのでしょうか。大きな選択肢は3つです。一つは、業務を減らす。もう一つは、人手を増やす。最後は、業務効率を上げる。基本的な考え方はこれしかありません。それぞれのメリット・デメリットや、具体的な方法を見ていきましょう。

1 業務を減らす

2016年11月、ファミリーレストラン大手のロイヤルホストが、24時間営業を廃止すると宣言して、耳目を集めました。同時期、ガストやジョナサンを展開するファミリーレストラン最大手のすかいらーくも、深夜営業を大幅に短縮すると発表し、外食業界全体に、営業時間短縮の動きが強まっています。ロイヤルホストは、一部で残っていた24時間営業を完全にゼロにするとともに、定休日を設けることを検討することとし、すかいらーくは、24時間営業や深夜営業をしている987店のうち、その8割近くに及ぶ約750店について、朝7時開店の深夜2時閉店とすることになりました。

実は、ロイヤルホストについては、大半が24時間営業でしたが、2011年ころから徐々に減らし、昨年末では、大阪と東京にある2店舗のみが24時間営業でした。すかいらーくも、2013年に、600店舗に及ぶ営業時間短縮に踏み切っており、元から少しずつ進めていた中で、今回、再度、拍車をかけたことになります。

このことの意味については、経営的な側面から、様々な解説がなされていますが、外食業界の巨人たちが、積極的に営業時間の短縮を進めていることは、外食業界に携わる者としては無視できないでしょう。

これらの例からも分かるように、サービス業である飲食店で、従業員の労働時間を減らすための最も強力な手段は、「業務を減らす」すなわち「営業時間を短くする」というものです。業務を減らせば、単純に、人は必要なくなります。ただ、お店を回してなんぼの飲食店にとって、営業時間を短くするというのは、諸刃の剣なのは間違いありません。確かに、非常に難しい経営判断なのは間違いありませんが、メリット・デメリットを比較すれば、確実に選択肢の一つにはなりえます。

▼営業時間を短くする

営業時間を短くすることのメリットは、当然、業務量が減ることで、スタッフの長時間労働が改善されるということです。オーナーシェフなどの場合は、自分の時間に余裕ができ、マネジメントや新しい商品開発などを行う時間ができるということになります。その分、スタッフの体調や士気・会社に対する忠誠心は向上しますし、これにより勤続年数も長くなるでしょう。勤続年数が長くなれば、多額の採用コストも削減できます。

逆に、デメリットは何かといえば、単純に売上げの減少です。ただ、営業時間が短くなれば、当然ながら、人件費や光熱費などの経費は抑えられます。そこで、時間帯別で平均売上げを計算するとともに、営業時間の短縮で抑えられる人件費や光熱費等のコストと照らし合わせれば、営業時間の短縮化というのは、十分考えられる選択肢なのです。

「うちのような小さいところで、それはできないよ」という声を頂戴することもありますが、一般的に、小規模な店舗の方が、人材不足と、特定の従業員の業務過多は顕著になりやすい、その反面、営業時間のコントロールはしやすい面があります。現在、人材不足が深刻な飲食店では、営業時間の短縮化は重要な選択肢としてぜひ考えていただきたいと思います。

少し話は変わりますが、ある調査によると、新入社員が会社に期待することのトップ3は、「人間関係がよい」「人間的に成長できる」「社員を大切にしてくれる」で、「給料が高い」や「休日が多い」というのは、それぞれ8位、10位でした。最近の社員は、「バリバリ働いてたくさん稼ぐ!」とか、「技術を身に着けてキャリアアップしたい!」

というよりも、会社内部で平穏に頑張りたいというマインドが強いのです。したがって、ハードに働かせるのではなく、空いた時間で、従業員間の懇親会や、余暇を増やしてあげた方が、社員の満足度は高まり、採用もしやすくなります。2つ目の「人手を増やす」という点にもよい影響を与えるのです。

2 人手を増やす

次に2つ目の「人手を増やす」ですが、飲食店で人を増やすのは非常に困難だといわれています。帝国データバンクの調査（人手不足に対する企業の動向調査2018年1月）では、飲食店の実に74％に、非正規従業員が足りないという結果が出ています。他方で、インターネット媒体の求人サイトなどは、露出競争の激化で、掲載料も高騰しており、アルバイト1名を採用するのに、何万円もかかることは珍しくありません。小規模な飲食店では、多額の採用コストをかけることも難しい状況です。また、採用コストは、応募者への対応や指導などの時間的なコストも無視できません。かといって、店頭の張り紙で、多数の経験者の応募があるかというと、これも微妙でしょう。飲食店としては、売上げを増やすために人を採りたいが、その人を採る時間も金もない、という袋小路に陥ってしまうのです。

人を増やす方法を分析すると、単純に「増やす」ことと、「減らさない」という2

つのベクトルがあります。それぞれについてみていきましょう。

増やすというのは、当然、「新しく応募させる」ということです。新しく応募させるための古典的な方法は、給与を上げることですが、最近は平均賃金も上がり続けていますし、都市部では、時給1200円というのも珍しくありません。そして、それでも人が来ないと聞きます。業態にもよりますが、そもそも論として、飲食店として出せる給与、出せない給与があります。下手に給与を上げれば、単純に経費が増えますから、これは諸刃の剣です。

給与以外のところで、魅力を出すとすればどういった点になるでしょうか。先ほどの調査結果にも結び付きますが、最近の若い方は、人間関係や人間的成長を求めます。人間関係は、インターネットの求人では伝えられません。やはり現在の従業員を大事にし、周囲に伝えてもらうことが必要です。アメリカで営業の神様といわれたシボレーの元営業マンであるジョー・ジラードは、「250人の法則」を提唱しています。これは、どんな人でもだいたい250人くらいのつながりがあるというものです。若い方は特に横のつながりが強いですから、現在の従業員が、同級生やサークル仲間などに、たくさん触れ込んでくれれば、これに勝る採用活動はないはずです。HPの採用コストを考えれば、紹介者への紹介料や、紹介された側へのお祝い金など、安いものでしょう。実際に、私が以前働いていた職場では、私の直接の友人が2名、さらにその友人

▼250人の法則

が3名、さらにその後輩が・・・といった具合に、横のつながりで相当数が勤務していました。

また、飲食店のパートさんは主婦層も多いですから、ワークライフバランスや福利厚生も重要です。例えば、思い切って、1日1~2時間、週1日から勤務可能として、仕事を細切れにすることもあり得ると思います。シフト管理は大変になりますが、子育て世代の中には、隙間を見つけて、少しでも働きたいという方もいますし、都市部では、夜間帯だけのシフトを設けて、定時上がりのOLさんなどが、ダブルワーク感覚で働くこともあるようです。アルバイトのメインは学生ですから、店舗を拡大するにあたっては、スタッフの確保という面で、学生街に出店するという戦略的な視野も必要でしょう。

いずれにしても、応募者のパイを増やすという意味では、決して無駄にはならない施策だと思います。実際に、時間や曜日をフレックスにしただけで、採用が増えたという話もよくあります。

最近は、求人情報誌や求人サイトも、子育てと両立しやすい職場を独立してピックアップしていますし、ハローワークの中にも。マザーズハローワークという専門部門があります。そこでは、子育てをしているお母さんにも働きやすい職場を、特別に推薦していますから、埋もれやすい数多くの求人情報から、一歩先んじることができるのです。

そのほか、外国人を積極的に採用する方法もあります。もちろん、言語や文化の壁を乗り越えるために、研修の再構築やマニュアル化も考えなければなりませんが、外国人を積極的に採用することで、人口減という日本全体が抱える問題にも対応していくことができます。サービス的な側面はともかく、調理という面では、そもそも飲食店は、外国人を積極的に採用しやすいはずなのです。

▼人を減らさない

「人を減らさない」というのは、「辞めさせない」ということです。もちろん、ここでいう「辞めさせない」というのは、最近、大手コンビニエンスストアで話題になったように、遅刻や欠勤につき、罰金を徴収するなどといった鞭の意味ではありません。私が実際に相談を受けたケースでも、有休の取得を認めない、欠勤どころか、退職まで会社の許可制にする、引継ぎが終わらないうちに辞めれば莫大な損害賠償を請求すると脅して、退職させないといったものがありました。日本の法律では、罰金と称して勝手に賃金から天引きを行うことはできませんし、有休は原則として従業員の希望日に取らせなければなりません。いきなり無断でいなくなれば問題ですが、退職も労働者の自由ですから、辞めたことによって、会社から「慰謝料」などの名目で、損害賠償を請求することもできません。

▼辞めさせない

「辞めさせない」というのは、できる限りこの職場で働いていたいと思ってもらうことです。考えてみてください。先ほど述べた通り、新しい人を採るためには、非常に多額の採用コストがかかります。また、採用コストは、応募段階だけでなく、その後、十分な経験を積んでもらうための指導も存在します。一人の経験者を辞めさせないというのは、これらのコスト全てがかからなくなるということです。飲食店の場合、ともすると、一人辞めても新しく一人取ればよいと、考えがちなところがありますが、現在の従業員1人と、新しく入る従業員1人は、等価ではないのです。もちろん、外食産業は、もともとアルバイトやパートなど、多数の非正規労働者で成り立っている業界ですから、他の業界と比べて流動性が高いのは間違いありません。それでも、どうせすぐ辞めるだろう、と考えるのではなく、現在の従業員を大事にするという視点を持ってほしいのです。

繰り返しになりますが、これは、単純に賃金を上げるということではありません。例えば、ある居酒屋チェーンでは、アルバイトスタッフだけを対象とした表彰式を行っています。表彰式といっても、会議室を借りて表彰状を渡すといった学校のようなものではなく、外部の大きな会場を借りて、ミュージシャンや芸能人などのゲストを呼んで、ホールやキッチンなど、部門を分けて表彰し、時には、ご家族なども呼んで、ともにその栄誉を分かち合うのです。

また別のチェーンでは、表彰式をクルーズ船で行ったり、表彰者には海外旅行券と

▼一人当たりの生産性

▼一人当たりの業務量

▼IT化

休暇をプレゼントするところもあります。社長直々に、全アルバイトに向けて、定期的に手紙を送る会社もあるようです。もちろん旅行券などは金銭的なコストが発生しますが、それよりも重要なのは、お店側、会社側が、従業員個人を「観る」ことだと思います。現在のアルバイトやパートさんが、アルバイト業務に何を求めているのか、しっかりと見つめなおすと、アイディアが浮かぶかもしれません。

3 業務効率を上げる

最後の3つ目は、「業務効率を上げる」ということになります。業務も減らず、人も増えなくても、一人当たりの生産性が上がれば、一人当たりの業務量は減ることになります。

業務効率化には、大きく2つの方法があります。1つは、IT化など、ハード面を改善するもの、もう1つは、従業員の意識改革など、内面を改善するものです。

飲食店は、最もIT化の遅れた業界だと思います。もちろん、これには必然的な部分もあります。サービス業は最もIT化できない分野だからです。ペッパー君に挨拶されるより、笑顔でハキハキと人間に挨拶してほしいですよね。しかし、バックオフィスに関してはより積極的に行っていけるはずです。

一番わかりやすいのはPOSレジです。以前は全て伝票で管理し、閉店後、売上げの集計を行っていたものが、来店者の時間帯や人数、売上単価など、販売と同時にデータ化し、今後の店舗運営や在庫管理に活かせるようになりました。中には、発注まで行えるものもあります。最近では、ＰＯＳレジもクラウド化し、大きなレジスターという「モノ」を買わずとも、元々手元にあるタブレット型端末があれば、それがＰＯＳレジになってしまうというところまで来ています。最近展開しているチェーン店などでは、レジに行くと、ｉＰａｄなどで済ませていますよね。決済面でも、交通系ＩＣカードや、電子マネーなど、キャッシュレス化が進んでおり、スマートフォン１台あれば、不便なく日常生活を送ることができます。キャッシュレス化が進んでいるスウェーデンでは、現金がそもそも使えない店もあり、中国の西安では、完全に無人のラーメン店ができて話題になりました。日本でも、東京都の青山に、実験的に、完全キャッシュレスのカフェができて話題になりました。もちろん、ここまでいくと、社会的なインフラが必要になりますし、店舗によって、そもそもＩＴ化を進めるべきなのか、という点はありますが、ＩＴ化が、避けて通れないのは間違いないでしょう。

また、シフト作成や勤怠管理、給与計算など、労務管理もＩＴ化が可能な分野です。さいたま市が、市内の保育園の入所希望者を、各保育園に割り振る際に、実験的に、ＡＩ（人工知能）を活用したところ、それまで手作業で50時間かかっていたものが、数秒で終わったそうです。ＡＩとまではいかないにしろ、労務管理に関する全ての作業を一元化できれば、管理職の負担は相当に減るでしょう。ソフトウェアの中には、残業の申請と許可も行えたり、長時間労働や有休消化の少ない従業員がいると、赤字などで注意喚起してくれるものもあります。長時間労働対策という意味では、一挙両得といえるのではないでしょうか。

そのほか、基本的かもしれませんが、内装に関するものとして、お客様と従業員の動線の確保や、什器・備品の位置、設備の配置など、自分の店舗で無駄がないか、一度、見直してみてもよいと思います。

▼従業員の意識改革

他方、ハード面ではなく、従業員の意識改革も重要です。だらだら仕事をするか、てきぱきと仕事をするかで、その生産性は明らかに変わります。もちろん、「だらだらするな！てきぱきしろ！」という抽象的な指示をしても、従業員は困惑するだけです。

▼マニュアル化

最も重要なのは、マニュアル化と、指示系統の確立、そして評価制度の充実です。新人への研修に限らず、日々の業務については、できる限りマニュアル化すべきです。マニュアルの作成は大変ですが、一度作っておけば、指導や研修の手間が大幅に省けます。また、マニュアル化といっても、必ずしも、分厚い冊子を作るという意味ではありません。焼肉チェーンの「牛の蔵」では、ホールスタッフの心がけ11か条を策定し、意識レベルで、全従業員が共有しなければならない事項を定めています。出迎え

▼指示系統の確立

▼評価制度の充実

や挨拶など、どれも基本的だが重要な事柄が、簡潔に記されています。マニュアルによる行動を徹底することで、業務の質も、個人の能力に頼ることなく、一定に保つことができます。ともすれば、指導の際に、従業員の間で、不平等感が発生する場合もありますが、これもできる限り防げるでしょう。

また、指示系統の確立も重要です。何かトラブルがあった場合や不明点が生じた場合に、どこに確認すればよいのか、最終的にどこが責任を持つのか明確にしておくことで、現場の混乱を予防することができます。従業員間の連帯を意識して、無理のない範囲で、横のつながりを築く手伝いをしてもよいでしょう。会社の負担で、定期的に現場レベルの懇親会を開催することもよいと思います。

そして、評価制度の充実も重要です。前述のように、最近の若い従業員は、ハードに働いて稼ぐというよりも、居心地のよい職場で精神的に満たされたいという思いが強いですから、頑張ったらしっかりと評価してあげることが必要でしょう。単に賞与を支払うよりも、社長と会食ができる、といった方が、ずっと魅力的に映るかもしれません。

マニュアル化、明確な指揮、評価と並べてみると、いまこそ、「やってみせ言って聞かせてさせてみせほめてやらねば人は動かじ」という山本五十六の言葉が当てはまるように思います。

▼勤怠管理

▼マクドナルドの名ばかり店長事件

勤怠管理が全ての始まり

これまで、勤務時間を減らすにはどうすればよいか、解説をしてきましたが、これらとは別の次元で、長時間労働対策として絶対にしなければならない事項があります。

それは勤怠管理です。時代のせいかもしれませんが、以前、私が勤めていた焼き肉店でも、勤怠の管理はタイムカードでした。一番古典的な方法ですが、飲食店の場合、ワンオペもありますから、必ずしも、タイムカードの打刻と勤務時間が一致しないことがあります。もっと問題があるケースでは、そもそも明確な勤怠管理はせず、定時も名ばかりで、開店準備と閉店作業、そして緊急時の対応などについては、特に給与を支払っていない、というケースもあると思います。「固定給を払って終わり」ということですね。

もちろん、これは違法です。店長だから、という一言で終わらないのは、マクドナルドの名ばかり店長事件（マクドナルドが、店長以上の従業員に対し、法律上「管理監督者」に当たるとして、時間外割増賃金を払っていなかったところ、裁判所が、勤務時間を本当に自由に決められるほどの裁量をもっていたわけではないとして、残業代の請求を認めた事件）ではっきりしています。

いずれにせよ、実際に働いている時間を、記録として残る形でしっかりと保存して

▼有休取得の徹底
▼計画的な長期休暇の付与
▼定時退社日
▼ストレスチェック

おくことは、長時間労働を防ぐ意味で基本的な事項ということです。

私のところに相談に来る方でも、「就業規則はありません。賃金台帳もありません。勤怠管理は各従業員に任せています。」といったお店が珍しくありません。これでは、従業員が長時間労働をしているかどうかもわからなくなってしまいます。

パソコンのアクセスログや、建物の出入り時刻などでも記録を残すとともに、定期的に、従業員にはアンケートを取りましょう。

正社員については、有休取得の徹底、計画的な長期休暇の付与、定時退社日の設定なども有効です。最近話題のストレスチェックは、従業員に配慮しているという意思を表示するためにも、効果的でしょう。飲食店の場合（特に現場）は当てはまらないかもしれませんが、本社勤務の総務や管理職などには、残業の少ない人ほど評価するという制度を導入することもありえます。

「従業員はできるだけ使い倒す」という姿勢では、会社が成長することはできませんし、後述（3項「法的手続への対応」参照）のとおり、裁判沙汰になってしまうこともあるのです。

2 モンスター従業員

問題社員が生まれる理由

これまで、従業員と会社との関係をどのように構築し、どうすれば会社を盛り上げていけるかという見方で解説してきました。いわば前向きな見方です。しかし、現実として、クレーマーのような従業員がいることも事実です。「問題社員」とか「モンスター従業員」などと呼ばれることもありますが、そのような問題を起こす従業員に対して、どのような場合にどのように対応していけばよいのでしょうか。

念のため説明しておきますが、問題社員というのは、「労働環境について会社に批判的な態度を取る従業員」という意味ではありません。先ほども例に挙げたように、残業代は一切払わないなど、劣悪な労働環境にあるお店というのは現実にあります。また、顧客対応が不十分だったり、衛生面で問題があるお店もあるでしょう。こういった状況に対して、お店に対して、前向きで建設的な意見をする従業員は、その内容がお店にとって耳が痛いことであったとしても、問題社員ではありません。むしろ、お店が本当に大切にしなければいけない従業員といえます。

問題社員というのは、違法な行為をする、意味もなく会社や同僚に嫌がらせをする、会社に対して不当な要求をするなど、誰から見ても明らかに問題のある行為をする従業員のことを指します。

問題社員が生まれる理由は、採用過程でしっかりとスクリーニングできていないからにほかなりません。インターネットの普及に伴って、以前と比べて、正当な権利を主張する従業員が増えたのは事実ですが、別に、会社への嫌がらせの仕方を調べる従業員はいません。中にはいるかもしれませんが、ごく少数でしょう。私の感覚では、むしろ年配の職人さんなどの方が、自分なりの「イズム」があり、それこそ、よくも悪くも「問題社員」といえるはずです。それでは、なぜ現在、問題社員が増えているといわれるのかといえば、問題社員への会社側の対応が追いついていないことにあると思います。

会社として意識しなければいけない点は、2つあります。一つは、しっかりと入り口でスクリーニングすること、もう一つは、問題への対応方法を確立すること、この2つです。

▼スクリーニング

スクリーニングするというのは、要は、問題を起こしそうな人は、採用しないということです。飲食業界は、慢性的な人手不足ですから、とりあえず履歴書と軽い面接を行って、よほどの問題がなければ採用してしまうということが多いと思います。人手が足りない現状ですから、採用してみて、だめならすぐ辞めてもらえば、マイナスにはならないという発想です。しかしながら、これは、本来、非常に危険なことです。問題社員は、お店の環境を悪くしますし、他の従業員の士気も下がります。その対応に必要な時間的コストはもちろん、対顧客関係で問題を起こせば、直接的に金銭的コストが発生することもあります。問題社員を採用することは、それ自体マイナスになるのです。

では、具体的にどうやって見極めればよいのでしょうか。もちろんこれは単純なことではありませんが、基本的な視点は、「当たり前のことを当たり前にできる普通の人を採る」ということです。幹部職員はともかく、現場の従業員は、難解な作業や高度な創造性は求められません。それよりも、多数の同僚とともに、無難に日々の業務を処理してくれることが、最も重要です。その視点で、一度、現在の採用を見直してみてください。店長が、客観的な基準なく個別に判断するというのは、それ自体問題があるといっていいでしょう。

履歴書段階で見るべきは、やはり過去の職歴です。もちろんアルバイト歴を含みます。あまり短期間で転々としている人は、やはりその理由をしっかりと確認しなければなりません。合理的な理由がなければ、怪しいと考えるべきでしょうし、もっといえば、触らぬ神にたたりなしということで、どうしても短期で人がほしいといった積極的な理由がなければ、採るべきではありません。先ほど述べた通り、長く続かない従業員を雇っても、コストがかかるばかりです。

また、自己アピールなども、積極的なのはよいのですが、私の経験上、あまりに自己評価が高い方も、協調性を欠くことが多いといえます。ネガティブで暗い人を採用することはありませんが、謙虚に、自分の欠点を認識している人が良いと思います。

ずば抜けてすばらしい人材を取る必要はない、というのは、面接においても同様です。奇をてらって難しいことを聞く必要はなく、雑談のような形で、普通のコミュニケーションが取れるかどうかを見極めてください。そのとき手が空いている現在の従業員を交えて、面接をしてもよいでしょう。現在の従業員も採用過程に入れることで、お店の中での対立を事前に回避できる可能性がありますし、現在の従業員に、採用の責任を体験させることで、成長を期待できるかもしれません。

１００点の人を採るのではなく、赤点の人を回避しつつ、平均点の人を採ればいい、という点を意識して、採用に取り組んでみてください。

▼問題社員への対応方法

次に、問題社員への対応方法を確立するという点ですが、これは、トラブルに対しての対応方法をあらかじめ定めておくという意味にほかなりません。具体的なトラブルにどう対応していくかは、この後、順番に解説していきますが、とにもかくにも、準備をしておくことが重要なのです。

従業員のトラブルは、多岐にわたりますが、とはいえ、ある程度、類型化できます。それをある程度、正社員や幹部職員で共有しておくことで、未然に防ぐことができます。また、問題社員が問題を起こした場合、一番恐ろしいのは、他の従業員に影響が及ぶことです。その従業員を切れば終わりならよいですが、その対応のために他の従業員が疲弊したり、一緒になって問題行為を起こすことにより、最悪のケースでは、周りの従業員も含めて、集団で退職するというケースもあります。これだけは避けたいところです。

問題行為が起こった場合、その対応方法や窓口が確立していれば、現場の動揺はかなり防げますし、どう対応すればよいかを考える時間をカットすることもできます。担当者を外部に設けるのも一つです。実際に、私は、顧問先に対して、何か問題が発生し、少しでも手に負えないと感じたら、すぐに現場の担当者から私に投げて、対応を一任してほしいと伝えています。危機管理や総務など、バックオフィスだけを担当する従業員がいる会社であればまだしも、飲食店の場合は、現場の問題はある程度現場の従業員が対応せざるを得ません。ただ、現場の従業員にトラブルバスターをさせるのは、非常に無駄ですし、従業員はただただ疲弊するだけです。現場の従業員は、キッチン、ホールと現場での作業に集中できる環境を作らなければなりません。

厳しいいい方になるかもしれませんが、問題社員を生んでいるのは、お店自身なのです。

指導とパワハラ

ここからは、問題行為ごとに対策を考えていきたいと思います。最近、とかく相談が多いのが、話し合って解決すべきものに対して、ことさらに騒ぎ立てる神経質な従業員への対応です。

①だらしない頭髪や服装を注意したところ、人権侵害といわれた
②机やロッカーを掃除するようにいうと、誰かに迷惑をかけましたかと反論された
③調理中のミスに対して厳しく叱責したところ、パワハラだと訴えられた
④社内の懇親会に誘ったところ、残業代が出るのか尋ねられた

これらは、いずれも私が実際に相談を受けたケースです。一昔前であれば、「分かりました」の一言で終わるか、どうやって解決するか前向きに話し合って解決していたものばかりですが、中には、慰謝料を請求され、裁判にまで発展したケースもあります。

念のため、ざっと解説しておくと、①のケースは、営業職など、身だしなみが重要

であれば、当然指導することができます。しかし、飲食店の中には、「髪型、服装自由！」として応募していることもありますから、そうなると、違法な業務命令となる余地はあるでしょう。

②については、個人での使用を認めているといっても、机やロッカーは会社に管理権限がありますから、その使い方について指示することが可能です。ただ、私物の置き方など、単なる趣味の問題にしか思えないことまで指示すれば、嫌がらせとして違法になる余地がないわけではありません。

③については、「厳しく」の内容によります。手を上げるといった暴力行為があれば、当然、違法です。そこまでいかずとも、侮辱するような表現をしたり、必要以上に罵倒したりすれば、言葉であっても違法になり得ます。仕事を与えないなどの嫌がらせもパワハラになり得ます。基本的には、「業務上の指導として、一般的に適正な範囲かどうか」という基準になりますから、厳しい指導を与える際には、複数人で吟味し、書面での注意をすべきです。

④については、確かに協調性がないといえますが、お店側が強要すれば、むしろ業務時間といえ、本当に給与を支払う必要が出てきます。あくまで任意で誘う形にとどめ、仮に拒否された場合でも、不利益を与えないようにしてください。むしろ、どうすれば、従業員同士が気持ちよく働けるのか、別の方法を考えるべきでしょう。この

点はかなり相談が多いので、後程詳しく解説します。

権利意識の高まりや、インターネットによる情報供給のおかげで、「飲食業界はそういうものだ」で終わっていたことが、通じなくなっています。お店として、今の従業員がどう考えているのか、どうすれば納得してもらえるのか、よく考える必要があるでしょう。

SNS対策

数年前からご相談が激増したSNS問題。従業員が、備品を壊したり、食材を汚損するといった行動を撮影したり、有名人の来店情報や防犯カメラの映像などをまとめて、ツイッターやフェイスブックで広めるといった行動が世間を騒がせました。コンビニエンスストアの冷凍庫に寝そべる、蕎麦屋の食洗器に入る、ハンバーガー店の食材の上に寝転がるといったよくわからない写真をみたことがあるかもしれません。お店の食材や商品を無断で食べたり持ち帰ったりしたことを、わざわざ自分で広める人もいました。いずれも、ワイドショーや雑誌などでも盛んに取り上げられ、今では、「炎上」という言葉も一般的になったかもしれません。

これらの問題行動は、明らかに違法なものと、違法とはいえないが常識に反し、お

▼誓約書
▼電子端末の社内利用規定

店の評判を落とすものの2つがあります。

ただ、現実の対応としてはあまり変わりません。従業員に対して、解雇を含む厳しい処分を下しつつ、一定期間店舗を休業し、事後処理と再発防止策を定めた上で、これらの事実をプレスリリースするという方法です。中には、当該店舗を閉店したり、当該従業員に対し損害賠償請求を行うなどといったお店もありましたが、一般的とまではいえませんでした。

その後、SNS問題が下火になったのは、アルバイトを多数雇っているチェーンなどで、SNSや携帯端末の管理ルールが定められたためです。現在では、勤務中は携帯端末をロッカーに保管し、使用は一律に禁止というのが一般的と思われます。また、業務中に知った情報や店舗に関することは、SNSに掲載してはならないというルールを設け、これらについて、採用時などに誓約書を交わすこともあります。就業規則に、電子端末の社内利用規程などを組み込むことも必要ですが、アルバイトは就業規則を読むことは稀ですから、やはり入社時に一筆書いてもらうことが有効だと思います。まだ定めていないお店では、簡単な注意書きでも構いませんから、今すぐ作成して周知すべきでしょう。

一時期かなり「炎上」したことで、若い世代も、これらの問題行為は悪ふざけではすまないのだ、と認識したせいもあるかもしれません。その意味では、SNSの利用が一気に広まった過渡期の問題ともいえるでしょう。

社内行事は残業か

最近、非常にご相談が多いのが、従業員を社内行事に誘ったところ、残業や休日出勤として給与が出るのかと聞かれて困る、というものです。

少し難しい話ですが、法律上、給与を支払う必要があるか、つまり労働時間に当たるかどうかは、会社の指揮命令下にあるかによって決まります。もっとわかりやすくいえば、従業員が断れるかどうかということです。

例えば、出席しないと罰則などの明らかな不利益がある場合は、もちろん勤務時間ですし、全社員出席が義務付けられていて、実際にこれまでの歴史をみても全員出席しているというケースも、労働時間といわれる可能性が高いでしょう。名称が「懇親会」という名目でも、参加が強要されていれば労働時間です。逆に、「年末納会」「社内対抗運動会」と題して大規模に開催され、できる限り出席が望ましいとされていても、あくまで任意参加が徹底されていれば、勤務時間には当たりません。仕事ではなく、単なるレクリエーションということです。

お店側としては、社内行事に給与を支払うことは想定していないでしょうから、後で紛争にならないためにも、あくまで任意出席であることは、周知徹底した方がよいでしょう。

▼業務上横領罪
▼窃盗罪

横領は避けられない

飲食店における古典的な問題行為が、売上げの着服です。当然ですが、ここまでくると、単なる問題行為ではなく、犯罪（業務上横領罪や窃盗罪）ですから、しっかりと対応しなければなりません。

ただ、この問題が難しいのは、多数の従業員がいて、かつ、現金勘定が避けられない飲食店においては、誰がいくら着服したかを見抜くのが至難であるという点です。私自身、非常に多くの相談を受けていますが、事後的に対応することは容易ではないのが実情です。

帳簿上、明らかに数字が合わなかったとしても、「自分は心当たりがない」「お客様が注文をキャンセルした」「作り間違えたので取り消した」などと反論されると、帳簿だけでは、証明できないのです。よく、刑事告訴するという意向を示すお店もありますが、こういった事件では、告訴自体受理してもらうのが難しく、何年も準備してようやく警察が動いたとしても、実際の被害金額のごく一部というのが一般的な結果になっています。

　少しドライに聞こえるかもしれませんが、世の中に犯罪がなくならないのと同じで、「飲食店における横領は避けられない」と認識し、しっかりと予防策を講じてください。従業員を疑うようなことはしたくないという意見もありますが、従業員を信頼することと、丸投げして盲信することは違います。お店としては、従業員を違法な行為に走らせない設備や環境を作り上げる義務があるのです。

　例えば、入り口やレジの部分に向けて監視カメラを設置する、売上げの管理や日報は一人に任せずダブルチェックさせる、本部で各店舗の売上げを毎日チェックするなど、やれることはたくさんあります。

　従業員による着服は避けられない問題ですから、従業員に違法な行為をさせないためにも、しっかりと予防策を講じることを強くお勧めします。

3 法的手続への対応

▼労働基準監督所への相談

紛争解決手続

私たち弁護士は、まず紛争にならないように予防をするのが最初の仕事ですが、不幸にも紛争になってしまった場合には、まずお互いに交渉し、それでもだめなら法的手続に移ることになります。ここでは、労働紛争が不幸にも法的手続に至ってしまった場合に、どのような手続きがあって、どのような流れになるのか手続きの概要などの話をします。できる限り簡潔に解説しますが、どうしても少し難しい話になりますので、ややこしい法律の話が苦手な方は、思い切って読み飛ばしてください。

労働紛争の内容は多岐にわたりますが、やはり、多いのは、解雇や異動などの無効を争うとか、未払賃金を請求するといったものです。従業員側がこれらの問題で悩んだとき取りうる手続きはたくさんあります。

最も使いやすい手続きは、労働基準監督署への相談でしょう。職場の所在地を管轄とする労働基準監督署が、従業員の相談に乗ってくれるのです。内容によって、会社にも聞き取り調査などを行い、違法な行為があれば、指導や勧告という形で、会社に命令を出すことになります。ただ、通常は、会社側にも反論がありますので、実務的には、よほど悪質なものでない限り、その後の罰則まで至ることはありません。したがって、無視されて終わりということもあります。

労働基準監督署への相談は、あくまで労働基準監督署を通した解決ですが、労働局や労働委員会において、直接、解決の仲介を行ってくれる場合もあります。調停のようなイメージで、弁護士や組合経験者、会社経営者などの有識者が間に入り、会社の担当者と従業員、両方の話を聞きながら、和解を目指す手続きです。

これらの手続きのよいところは、費用が基本的に無料である点と、一般の方でも簡単に利用できるように設計されているという点です。

他方、相手方は呼び出しを無視することができ、和解に応じる義務もないという点がデメリットになります。

▼労働審判

訴訟と労働審判

相手に無理やり従わせようと思うと、裁判手続を行うほかありません。

基本的には訴訟を起こすことになりますが、平成18年から、労働審判という新しい制度ができました。お互いに争った場合、訴訟になれば、判決まで最低でも半年程度がかかるのに対し、労働審判は、最大でもわずか3回の期日（全体で約3か月程度）で終わるという迅速さがメリットです。

労働審判は、裁判官・労働者側の有識者・従業員側の有識者の3名が、それぞれの意見と主張を聞きながら進めます。法廷も大きな楕円形の机をみんなで囲む形式で、話しやすい雰囲気が取られています。回数が限られていることから、会社側も従業員側も、最初の期日までにできる限り裁判の準備をしますので、最初の期日で、争点をできる限り整理し、その場で見通しを立ててしまいます。その上で、和解の話をすることになります。これを最大3回繰り返し、最終的に和解が成立すれば終了しますし、そうでなければ、審判（判決のようなもの）が出ます。これは判決と同様の効果を持ちます。未払い賃金の紛争の場合、相手が従わなければ、銀行口座を押さえたり、不動産を競売にかけるなど、強制的に取り立てることができるのです。

ただ、労働審判は、期間が限られていますので、細かい証拠をそろえたり、証人などの話を詳しく聞けないことがあります。法律上、判断が難しい論点がある場合なども、お互いに主張をぶつける時間が足りません。そのため、請求が一つで、争点もシンプルなものが、この労働審判手続きになじむといえるでしょう。労働審判のデメリットとして、決定が出たとしても、それに対し不服を申し立てることができ、そうなると、結局、通常の訴訟に移行してしまうという点があります。とはいえ、労働審判から通常の訴訟に移行するケースは全体の1割ほどですから、ほとんどの場合は労働審判の中で速やかに解決しているということになります。

▼訴訟

労働審判に対し、訴訟というのは、いわゆるドラマで見るような裁判のことを指します。ただ、民事裁判の場合は、実際はもっと地味で、書類のやり取りばかりしていますから、イメージとは少し違うかもしれません。労働審判と違って、特に期間制限はありませんから、最初から請求の内容や争点が多かったり、和解の可能性が低い場合には、いきなり訴訟を選択することもあります。

訴訟の場合、やはり短くても半年程度はかかりますし、長ければ2，3年ということも珍しくありません。その代わり、高等裁判所への控訴は別として、最終的に判決が出て完全に結論が決まるというメリットがあります。細かい話ですが、労働審判よりも訴訟の方が少しだけ費用が高いという点も付け加えておきます。

突然の仮処分で資金がショート

▼賃金仮払いの仮処分

これまで、法的手続を挙げてきましたが、実は、訴訟を起こす場合には、それより前にできる強力な手続があります。それは、賃金仮払いの仮処分という手続きです。

例えば、「不当解雇だ！」ということで解雇の無効を争う場合、会社は解雇を有効だと思っていますから、当然、給与を支払いません。しかし、それでは従業員側は生活に困ってしまい、何年もかかる裁判などやっている場合ではありません。そのためにあるのが、この方法です。

この仮払い仮処分というのは、判決が決まる前にもかかわらず、裁判所が、生活に必要な一定の金銭を、「仮に」支払えという命令を出すというものです。「仮に」といっても、当然支払うのは現実の金銭ですから、会社としては、負けてもいないのに負けた前提で一定の金銭を支払わなければならないわけです。仮払いが認められるためには、従業員側が、ある程度勝てるだろうという見込みや、仮払いをしなければならないほど困窮しているということを立証しなければなりません。また、「仮」の支払いですから、仮に従業員が負けた場合には、それを返さなければなりませんが、生活費がないからこそ仮処分が認められていますので、払えといって払えるものでもないでしょう。結局は、「仮」ではなく実際の支払になってしまうということです。

私の経験でも、複数人からまとめて仮払いの仮処分を申し立てられて、これが認められた結果、いきなり数百万円単位で金銭を支払うことになり、会社の運転資金がショートしかけたというケースがありました。この仮払い仮処分というのはそれだけ強力な方法ということです。

本当に怖い労働組合

ここまで、従業員と会社が一対一で争う場合を解説してきましたが、会社にとって本当に怖いのは、労働組合です。

私自身、個々の従業員から訴えられたというケースは淡々と対応しますが、労働組合から団体交渉を申し立てられたといわれると、これは心してかからないといけない、と感じます。

労働組合は、憲法上もその権利が保障された組織で、一人では力に差のある会社にはかなわない従業員が、団結して会社と五分で交渉するために存在しています。歴史的には、「〇〇社労働組合」といった風に、会社ごとに一つの組合がありましたが、最近では、その組織率も下がり、その反対として、会社を問わない労働組合が増えてきました。アルバイト・パートさんならだれでも入れる組合や、「〇〇業ユニオン」のように業種別の組合など、名前を聞いたことがあるかもしれません。その意味では、労働組合の間口はかなり広がっており、アルバイトや中小企業の従業員などでも、気軽に労働組合に入る場合が増えています。飲食店の場合、アルバイトなどの非正規労働者が多いですから、このようなユニオンが増えたことで、個店の飲食店でも、労働組合が出てくることがあるという点を、しっかりと認識しておかなければなりません。

▼団体交渉

▼誠実団交義務

実際に、私の顧問先の飲食店が、パートさんからいきなり団体交渉を申し込まれたというケースもありました。

労働組合が交渉の窓口になると、まずは、団体交渉を申し入れてきます。団体交渉というのは、組合と会社が、争点について交渉するという手続きですが、先ほどのあっせんなどと違って、理由なく拒否すると、それ自体が違法になります。これを誠実団交義務といって、会社としては、最終的に組合の要求を飲まなければいけないわけではないが、誠実に団交に応じなければならないのです。

そして、労働組合は、団体交渉が不誠実だったり、組合員であることで不利益を与えられたと主張して、都道府県の労働委員会に調停などを申し立てることができます。問題となっている従業員の話とは別で、組合が嫌がらせを受けたこと自体を理由として、法的手続を取れるということです。

これまで、一対一での紛争解決の方法を解説してきましたが、組合と会社との交渉は全く別の手続きですので、仮に内容が重複したとしても、会社は、両方に対応しなければなりません。私自身、ある会社とその従業員との紛争で、訴訟をやりながら、団体交渉も行った経験があります。従業員側はそれぞれ組合と弁護士で分けて依頼できますが、会社側は一つで両方の手続きに対応しなければいけませんので、結論がどうこう決まる前に、対応そのものでかなり疲弊しました。

さらに強硬な対応として、街宣車で糾弾するという労働組合もありますが、そこまでいけば、従業員の士気や会社の評判にも影響を与えかねませんから、会社として深刻な問題に発展します。

労働組合が出てきた場合には、会社として、しっかりと準備して対応するようにしましょう。

第三章

―食品衛生の落とし穴

1 食品衛生とは

▼食品表示
▼産地偽装
▼補助金を詐取
▼賞味期限の改ざん

「食の安全」は店舗運営の基本

当然ですが、飲食店は美味しいものを提供するだけでなく、安全なものを提供しなければなりません。また、提供される食べ物が、どこで作られ、どう保管されて、どう調理されたのか、お客様に情報を与え、料理に対する誤解を生んではいけません。万が一のことがあれば、お客様にとって、せっかくの楽しい時間が台無しになりますし、お店にも重大な影響を与えます。

食の安全は、大きく、食品表示の問題と、食品衛生の問題に分かれます。

食品表示とは、産地偽装などの問題に代表されるように、お客様に示している情報と、真実が一致しているかという問題です。2000年代、牛肉の産地偽装（BSE対策事業の一環として、国が国産牛肉を買い取る事業を始めたところ、雪印食品などが、輸入牛肉を国産牛肉と偽って国に買い取らせ、補助金を詐取した事件）や「白い恋人」事件（北海道の銘菓である「白い恋人」の一部商品が賞味期限を改ざんして販

▼グレーゾーン

▼食品衛生

売された事件）など、明らかに問題となる事件が相次いで起き、食品の表示に対して、大きな問題提起がなされました。後述のように、食の安全に対して、非常に意識が高くなり、法律の整備も追いついてきた現在では、露骨で悪質な食品偽装は減りましたが、「グレーゾーン」と言われる表示の問題は今も残っています。飲食店側が、少しでもお店の食品をアピールしようとするあまり、過当競争になって、お客様に誤解を与えるような表現を生んでしまうためです。中には、知らないうちに違法なPOPを掲げているお店もあるはずですので、これまであまり意識してこなかった場合には、一度、自店のメニューなどを確認してみてください。

また、食品衛生が極めて重要なのは、いわずもがなです。今でも、毎年1000件、2万人程度の食中毒事件が発生していますし、私の顧客からも、不幸なことに、お客様が体調を崩されたという相談がありました。その件は、そもそも本当にお店の食事によって生じたかどうかも分からないほど軽微なものでしたが、万が一、雪印事件（雪印低脂肪乳を原因として黄色ブドウ球菌による食中毒が起き、1万人以上が被害に遭った事件）やユッケ事件（焼肉店のユッケを原因として腸管出血性大腸菌による食中毒が起き、5名が死亡、24名が重症となった事件）のような大惨事が起きれば、お店の経営どころか、経営者個人が処罰されることもあります。食品衛生は、食事を提供する飲食店として、絶対に守らなければならない根幹といえるでしょう。

▼食品表示法
▼アレルギー物質の表示方法
▼加工食品の栄養成分表示
▼機能性表示制度

食品に関する法律の概要

ここも少し専門的な内容になりますので、興味がない方は読み飛ばしてください。

食品表示については、以前まで、大きく分けて食品衛生法とＪＡＳ法、健康増進法という3つの法律が、それぞれ別個に規制していましたが、平成27年に食品表示法という新しい法律ができ、一つにまとめられました。細かい解説は省きますが、アレルギー物質の表示方法が変わったり、加工食品の栄養成分表示（熱量、たんぱく質など）が義務化されました。特定保健用食品（いわゆる「トクホ」）は、消費者庁長官の個別の審査と許可が必要でしたが、より使いやすくするために、届出だけで済む機能性表示制度も、この法律で新しく定められました。メーカーが、「この物質にこの効き目がある」と届け出ることで、「○○に効く」という機能性を表示することができるようになりました。これによって、サプリや飲み物などで、機能性表示食品がたくさん目にとまるようになりましたね。

また、詳細は後述しますが、外食や、総菜屋などの中食では、対面販売ができ、その場で消費者が内容を確認できるため、記載が義務付けられている内容がありません。総菜屋にいっても、「焼き鳥つくね」とか「１０品目のサラダ」とか商品名が書いてあるだけなのはそのためです。では、なんのルールもないかというと、当然そういう

▼景品表示法

▼HACCP

▼食品安全基本法

わけではなく、食品表示法とは別の、景品表示法という別の法律が定めています。食品に限らない法律です。食品偽装や、営業上、どこまで商品をアピールできるかという点で、飲食店に直接影響してくることが多い法律です。

食品衛生は、なんといっても食品衛生法ですね。条文をみたことがある方はあまりいないでしょうが、営業許可や食品衛生責任者など、飲食店においてはもっともなじみがある法律だと思います。近年改正が予定されており、HACCP《ハサップ》という科学的な手法による衛生管理が導入されます。この点ついては、該当箇所で解説します。

そのほか、食の安全について関心が高まった2000年代初頭に、食品安全基本法という法律ができました。直接、飲食店の業務にかかわることはありませんが、食品安全委員会が設置され、食の安全についての法律や施策を専門的に考える組織ができることになりました。添加物や化学物質、農薬などが人体に与えるリスク評価なども積極的に行い、情報発信をしています。

「予防」と「事後対応」

食品衛生で重要なのは、「予防」と「事後対応」です。どちらも重要で欠かすことはできません。もし、自店で食中毒を防ぐために何をしているか(予防)、万が一起

▼予防

▼HACCP

きた時にどう対応するか（事後対応）、すぐに具体的な対応がいえない場合、すぐに実行してください。

予防というのは、まさに、食中毒を事前に防ぐためにに何をするかということです。これまでは、「付けない」「増やさない」「消滅させる」という三原則を基本として、「肉は中までよく焼く」「定期的に消毒・清掃する」といった感覚的なものでした。しかし、菌やウイルスは目に見えません。（寄生虫は目に見えるものもありますが・・・）

したがって、科学的な見地から、食中毒の原因を分析して、対応を考える必要があります。食材の仕入れルート、保存方法、メニュー、提供方法など、個々の店舗によって、食中毒のリスクがある過程・ポイントは全て違います。そのポイントを分析して、危ないところを重点的に対策するのが、HACCP（危害分析と必須管理点）という最近の手法です。とても難しいことをいっているようですが、後述のとおり、最初の一歩はシンプルですので、まだマニュアルなどがなく感覚的な食品衛生を行っているお店では、一刻も早く導入してください。

実はこのHACCPは、諸外国ではスタンダードになっていて、日本は食品衛生の分野では後進国といわれています。2020年の東京オリンピックを見据え、日本でもHACCPの義務化を進めており、HACCPを義務付ける食品衛生法の改正がまもなくとなっています（平成30年3月13日時点で食品衛生法の改正案が閣議決定）。

外国人や富裕層などは、「日本食はヘルシーで、日本の食べ物は安全だ」と理解していますから、この点は、必ず営業上のアピールポイントになるはずです。

食中毒が起きたらどうなるか

まず必要なのは、当然、被害に遭われたお客様への金銭的な負担です。医療費や慰謝料など、直接的な損害だけでなく、仕事を休んだということになれば、休業補償などの逸失利益も問題になります。私が実際に相談を受けた中でも、仕事を1週間休んだので、その分を払ってほしいとか、珍しいものですと、最終面接に行けず、決まっていた内定が取れなかったので、その分を考慮してほしいという難しいものもありました。実際は話し合いで終わりましたが、金銭的評価で揉めることは珍しくないのです。

もちろん、症状が重篤で、後遺障害などが残れば、億単位での損害賠償に至ることもあります。ユッケ事件でも、遺族らから、2億円以上が請求され、約1億6900万円が認められました。このようなことになれば、単純にお店としては立ち行かなくなってしまいますから、食中毒を起こさないことはもちろん、万が一に備えて、損害保険には必ず入っておいてほしいところです。

▼直接的な損害
▼逸失利益
▼損害保険

▼業務上過失致死罪

ユッケ事件のように死亡事故にまで至れば、責任者や代表者は、業務上過失致死罪などで刑事事件として捜査されるでしょう。業務上過失致死罪の法定刑は、5年以下の懲役・禁錮または100万円以下の罰金です。判例上、実刑になる可能性は低いでしょうが、最悪の場合は、お店の責任者や代表者個人が、刑事罰を受ける可能性もあるのです。

▼店舗の営業停止

そして、食中毒が起きた場合、実際問題として大きいのは、店舗の営業停止です。たった数日であっても、現実に営業できなくなれば、売上げがなくなりますが、当然、人件費や家賃などの固定費だけは発生し続けます。また、その間に食材が腐敗しますから、仕入れのタイミングなどお店のオペレーションも、変えざるを得ないでしょう。

営業停止期間が終わったとしても、お店の評価は地に落ちます。インターネット社会では、情報がすさまじい速度で拡散するとともに、その情報が残るという特性がありますから、仮に保険などで直接的な損害を賄ったとしても、その信頼回復は極めて困難です。実際にも、食中毒を起こしたお店は、廃業したり、ブランドを変えているところが数多くあります。

食中毒は、一度起きれば、お店に致命的な影響を与えるのです。

▼食品偽装

2 食品表示

なくならない食品偽装事件

食品偽装の歴史を紐解くと、戦前にC&Bカレー事件という事件がありました。これは、イギリスのカレー粉に国産のカレー粉が混ざっていたという事件でしたが、これは、国産のカレー粉が高品質であることが話題になったという点で、むしろポジティブといえる事件でした。

「食品偽装」という言葉が、一気に広まった(しかもネガティブな意味で)のは、やはり2000年代、一連の牛肉偽装事件(2001年)、ミートホープによる偽装ひき肉事件(2007年、牛肉ミンチと称して、他の肉や内臓などを混入させて販売していた事件)、白い恋人の賞味期限偽装事件(2007年)、赤福餅の消費期限偽装事件(2007年)、船場吉兆事件(2007年、高級料亭の船場吉兆が産地偽装や残飯の再提供を行った事件)、事故米不正転売事件(2008年、複数の業者が、中国産の事故米を国産と称して販売していた事件)、一連の中国製食品事件(粉ミルクや冷凍餃子による中毒事件）のなどが立て続けに起き、食品偽装、食の安全が非常に大きな問題になりました。

これらの事件を受け、２０１０年代に入ると、食の安全に関する関心の高まりや、法令順守（コンプライアンス）と企業の社会的責任（ＣＳＲ）などの考え方が一般的になるにつれ、健康被害が出る可能性がある悪質なものは減りましたが、替わって表面化したのが、いわゆる食材偽装問題です。

▼食材偽装問題

最も話題になったのは、２０１３年の阪急阪神ホテルズ事件です。牛脂を注入した加工肉を「ビーフステーキ」、スパークリングワインを「シャンパン」、地鶏でない鶏肉を「津軽地鶏」として表示するなど、47の商品でメニューの偽装が発覚しました。当時の代表者が、会見で、「偽装ではなく誤表示」と表現するなど、危機管理の対応も誤ったせいで、非常に社会的な耳目を集めることになりました。この前後で、東京ディズニーリゾートホテル、プリンスホテル、ザ・リッツ・カールトン大阪、帝国ホテルなど一流ホテルで立て続けに、食材の偽装が発覚したことから、後述のとおり、景品表示法の改正につながったのです。

▼景品表示法の改正

昨今では、広告や宣伝との関係における、メニューや商品の「適切な表示」が最も問題になっているといってよいでしょう。

今でも、年間１０００件ほどある食品の自主回収（独立行政法人農林水産消費安全

▼義務表示

▼禁止表示

技術センターによる調査）のうち、約半数ほどが、不適切な表示を理由とするものなのです。

食品表示の基本

食品の表示は、大きく分けて、義務表示、禁止表示、任意表示があります。

義務表示というのは、法律上、絶対に記載しなければいけないものです。食品表示法ができたことにより、これまで任意だった加工食品における栄養成分表示（熱量など）が、全て義務化されました。スーパーなどで売っている製品の裏に記載されている「賞味期限」や「保存方法」、「アレルギー物質」など、というとわかりやすいかもしれません。これに違反すると、立入検査や製品の回収命令だけでなく、懲役刑や罰金などの刑事罰が課されることもある重要な表示です。

また、禁止表示というのは、逆に記載してはいけない事項のことをいいます。誇大広告や、消費者を勘違いさせるような表示などがこれに該当します。先ほどのメニューの偽装などが典型的な例で、これに違反した場合も、義務表示と同じような罰則が定められています。栄養機能食品や特定保健用食品ではないのに、そのように記載することもこれに当たります。

任意表示や推奨表示というのは、書く必要もないし、書いてはいけないわけでもないが、書いてもよい事項や、書くことが勧められている事項です。先ほどのとおり、景品表示法によって、加工食品は栄養成分表示が義務化されましたが、絶対に記載しなければならないのは、熱量（エネルギー）、食塩の相当量、たんぱく質、脂質、炭水化物の5項目だけです。食物繊維や糖質、ビタミンなどもよく記載されていますが、食物繊維は推奨表示で、糖質やビタミンなどは任意表示となっており、法律的な立ち位置は異なります。

食品表示法によってある程度整理されましたが、食品は、製品や製法、食材が多岐にわたるため、未だに、非常に複雑といってよいでしょう。ただ、どれも非常に重要な事柄なのです。

飲食店は景品表示法だけ

では、飲食店ではどうなっているかというと、実は飲食店に義務表示はありません。景品表示法による禁止表示があるだけなのです。これは、飲食店は、調理する人とお客様が直接接触できるので、分からないことがあれば直接聞くことができるためとされています。したがって、ファストフードや総菜屋など、ざっくりいって、調理する人から直接買えるお店、商品など、いわゆる中食産業の一部も、義務表示は課されていません。飲食店は、景品表示法によって禁止されている表示だけ避ければよいということになります。

▼①優良誤認表示

景品表示法が定めている禁止表示は、①優良誤認表示、②有利誤認表示、③その他の不当表示の3つです。消費者庁が公表している景品表示法のガイドブックに挙げられる例も参考にしながら、個別にみていきましょう。

まず、①優良誤認表示というのは、品質など、商品の内容について、勘違いさせるような表示です。原材料や、産地、賞味期限などがこれに当たります。産地を偽装していたり、加工肉をステーキと表示していた先ほどのメニュー偽装は、まさにこれに該当するのです。枚挙にいとまがありませんが、自家製と称して市販のものを提供する、100％果汁と表示して60％のものを提供する、手打ち麺と表示して機械打ち麺を提供する、添加物を使用しているにもかかわらず無添加と表示するなどが例として挙げられます。

実際問題として、ここまで露骨な「偽装」をすることはないと思いますが、「成型肉」や「牛脂注入肉」を「ステーキ」と表示するなど少し分かりにくいものや、「チリアワビ」と「アワビ」、「赤西貝」と「サザエ」、「ランプフィッシュの卵」と「キャビア」などのいわゆる代用魚まで来ると、そもそもお店側の知識不足があったり、業界ではある意味当たり前に行っている面もあるので、注意が必要です。

最近話題になったケースだと、2017年に、「無添くら寿司」が、インターネット上の「何が無添なのか書かれていない」という書き込みに対して、削除を求め法的手続を取りました。この際、くら寿司が、化学調味料など4つの添加物に限って使用していないということが世間に広まり、「無添」というのが何を意味しているのか分からない、そのほかの添加物まで使用していないと誤解を与えるので景品表示法違反ではないか、という議論が散見されました。

いずれにしろ、お店側としては、しっかりとした正しい知識をもって、お客様に誤解を与えないような表記を心がける必要があります。

▼②有利誤認表示

次に、②有利誤認表示というのは、価格や数量、キャンペーンなど、商品の内容以外の取引条件について、勘違いさせるような表示です。地域最安値と書いてあるのに、他社の価格調査をしていなかった、セット売りのお値打ち品と書いてあるにもかかわらず、実際はバラ売りと同じだった、他社製品の2倍と書いてあるのに、実際には他社の商品とほとんど変わらなかった、商品を買って応募すると100名にプレゼントが当たると書いてあるのに、実際には10名しか当たらないようになっていたなど、こちらも様々なケースがあります。

実際によく問題になるケースだと、特に閉店する予定がないにもかかわらず、「在庫一掃閉店セール！」と表示したり、期間限定で2割引きセールと表示しながら、実際は常にその価格だったといったものがあります。

２０１６年に、ある法律事務所が、１か月ごとの期間を限定して着手金を無料または割引きにするキャンペーンを展開していましたが、実際には、毎月更新し5年近く続けていました。お恥ずかしいことに、これが有利誤認に当たるとして、消費者庁からそのような表記を止めるように命令されています・・・。

▼その他の不当表示

最後に、その他の不当表示というのは、優良誤認や有利誤認には当たらないが、まぎらわしく、正しく判別できないもので、現在は6つが禁止されています。食品関係でいえば、そのうち3つが問題になることが多いといえます。

１つは、無果汁の清涼飲料水等についての不当な表示で、無果汁を含め5％未満の清涼飲料水等については、「無果汁」や「○％」と書かない限り、果実の名前や写真などを表示してはいけないというルールです。無果汁のオレンジジュースは、無果汁と書かないと、「オレンジ」という単語やオレンジの写真を載せてはいけません。たしかに、無果汁なのに無果汁と書かないで、オレンジの写真だけ大きく写っていたら紛らわしいですよね。

もう一つは、商品の原産国に関する不当な表示で、原産国を明示しない限り、原産国以外の国名や国旗などを表示してはいけないというものです。ガーナのカカオを使用していないのに、「ガーナ」と書いたチョコレートを売ってはいけません。ジャマイカ産でもないマンゴージュースに、ジャマイカのラスタカラーの国旗が記載されていたら、訳が分かりません。

最後は、おとり広告に関する不当な表示です。これは、特定の目玉商品を設置してお客様を勧誘しながら、実際には、その商品の在庫がないとか、あっても極めて限られているという場合などがあたります。まさにおとりのような商品やサービスを作って、お店にお客様を引き込むわけです。

以上の3つが、現在では景品表示法によって規制されていますが、一時期話題になったステルス・マーケティングも、ここに加えるべきという議論があります。ステルス・マーケティングとは、宣伝と気付かれないような方法でする宣伝のことです。

飲食店の口コミサイト上で、飲食店から依頼された業者が、お客様に成りすまして高評価を書き込む（なりすまし）とか、実際には対価を払っているにもかかわらず、それを伏せて芸能人にお店や商品を勧めてもらう（利益提供の秘匿）といったものが、一時期かなり話題になりました。口コミサイトでは、書き込む人を登録制にしたり、芸能人に宣伝を依頼している場合は、「これは広告です」と表示するようになり、露骨なステルス・マーケティングは減ったように思いますが、一見して分からないからこそ「ステルス」です。消費者の判断を誤らせるような宣伝や表示は避け、真正面か

▼ステルス・マーケティング

ら自社の商品をアピールするようにしましょう。

▼誇張表現

どこまでの「お化粧」が許されるのか

商品名やメニューの名前は、売上げにも直結する非常に重要なものです。「野菜サラダ」よりも、「当店人気ナンバーワン！シェフの気まぐれサラダ」の方が、ずっと魅力的です。商品の魅力を最大限伝えるためにも、名称や説明文は、できるだけ自由であるべきですし、多少のお化粧（誇張表現）は認められています。焼き肉店にいけば、当然のように「カルビ」と「上カルビ」がありますが、その違いを意識している人はあまりいません。お店によっては、ロースは「上ロース」しかない店もあります。これらの表記自体がいきなり問題になることはありませんが、カルビと上カルビで同じものを提供していたり、スーパーで常に売っているような普通の焼き肉用ロースを「上ロース」として提供しているのであれば、やはり問題のある表示といえるでしょう。最近多く見かける「プレミアム〇〇」は、通常のものと違う点があるからそのように表記できるのであって、「プレミアム」と付けておけば値上げしてもばれないだろう、というのは当然問題のある表示です。

分量に関して、「たっぷり」や「豊富」など、主観が混じる表現は微妙ですが、競合品や常識に照らして、明らかに「たっぷり」入っていなければ、やはり問題ですし、「豊富」とうたいながら、そもそも含有量や成分を把握していないのであれば、論外でしょう。

もっと進んで、「おいしい」とか「おすすめ」といった純粋に主観的な表現であれば、表示として問題があるケースは少ないといえます。

▼健康食品に関する消費者庁のガイドライン

健康食品に関してはかなりデリケートな問題があり、「ヘルシー」や「低カロリー」など抽象的なものである限り、根拠があれば表示できますが、「血圧が下がる」といった具体的な効用を表記してはいけません。健康食品に関する消費者庁のガイドラインでも、「糖尿病の方におすすめ」とか「免疫力アップ」といった具体的な効用を示すような表示は禁止されています。他方、「野菜の足りない方に」といった単に栄養補給を目的とするような表示は問題ないとされていますが、分かるような分からないような部分もあるはずです。

▼表示の妥当性

商品説明やキャッチコピーなどは無限に考えられますから、自社の製品やメニューの表示がどうなっているか、これまで名称などを考えるときに、表示の妥当性を考慮していたかなど、一度、見直してみる必要があるかもしれません。

▼食中毒
▼O—157
▼ノロウイルス

3 変わりゆく「食中毒の予防」

予防三原則の徹底

食中毒とは、一般的に、食べたものが原因で体調を崩すこと全てを指しますが、ここでは、主に、細菌やウイルスによる食中毒を対象としたいと思います。和歌山のカレー事件などのような故意の混入や、フグの内臓や毒キノコなどの自然毒によるものも食中毒といえばそうですが（最近も、フグの肝臓が販売されていたことがニュースになりました。）、飲食店での食品衛生という視点でいえば、まずは、細菌やウイルスを残存させないために、どういった保存や調理などをすれば予防できるか、という点が重要といえるでしょう。

食中毒の原因は、細菌とウイルスです。O—157やノロウイルスなど、誰でも聞いたことがあると思います。ウイルスや細菌の種類によって、流行る季節は変わります。たとえば、O—157などの細菌は、人の体温くらいの温度や湿気を好むため、湿度が高くなる梅雨や夏場に増えてきます。他方、ウイルスは、逆に低温や乾燥した場所を好むため、ウイルス性の食中毒は冬場に猛威を振るいます。インフルエンザも冬になると流行りますよね。ウイルス性の食中毒といえば、やはりノロウイルスですが、特徴はその強力な感染力です。平成28年の統計をみても、ノロウイルスによる食中毒は、全食中毒の患者数の半数以上（20252名中、11397名）を占めています。

▼予防三原則の徹底

食中毒の基本は、予防三原則の徹底です。

一つ目は、細菌などを「付けない」こと。手やまな板などの器具に細菌がついていれば、自分で食中毒を起こしに行っているようなものです。調理を始める前はもちろん、別の食材を扱う前や、生ものの保存は密閉したり、他の食材の近くに置かないといった工夫が必要になります

二つ目は、細菌を「増やさない」こと。細菌は、高温多湿の環境で増殖しますので、低温保存を徹底する必要があります。生ものを保存する際は、必ず、速やかに、冷蔵したり、冷凍しなければなりません。また、低温下でも、少しずつ増殖していますから、在庫の管理という点にも結び付いてきます。

三つ目は、細菌などを「やっつける」こと。ほとんどの細菌やウイルスは、しっかりと加熱調理すれば死滅しますから、細菌がついている可能性のある食材は、しっかりと過熱しましょう。また、調理器具の煮沸消毒も重要です。

なお、ウイルスの場合、人や動物の細胞に入らない限り、勝手に増えることはありませんから、「増やさない」は当てはまりません。ただ、感染力が強いですから、細菌以上に「つけない」を徹底する必要があり、調理スタッフの体調管理の徹底など「持ち込まない」ことと、ウイルスを食材や調理器具に「広げない」ことが重要です。

食中毒予防の6つのポイント

これら食中毒予防の原則を具体的に実践するにあたって、厚生労働省では、具体的に気を付けるべき6つのポイントを挙げています。一般家庭向けではありますが、小さな飲食店では十分参考になるはずです。

▼買い物、仕入れ

まずは、買い物、仕入れの段階です。賞味期限を確認するのはもちろん、生ものは最後に買うようにして、ぎりぎりまで冷蔵、冷凍しておく。肉や魚などは汁がつかないように分けてビニールに入れる。買ったらすぐに帰る。どれも当たり前ですが、意識的にするかどうかで、リスクはかなり変わってきます。

▼保存

次に、保存の段階です。持ち帰ったらすぐに冷蔵庫・冷凍庫に保存する。肉や魚、卵などを扱うときは、前後で必ず手を洗う。飲食店の場合、開店前ですと、仕入業者が色々な食材を玄関先に置いていくことが通常です。ないとは思いますが、常温保存がふさわしくないものまで、そのようにしていないか、雑踏など、細菌やウイルスが付きにくいところに置いていないかなど、食品の管理という意味で、再度確認した方がよいでしょう。

▼調理の下準備

次は、調理の下準備の段階です。調理器具などをしっかりと洗浄するのはもちろん、肉や魚などを触るときには、絶対に手を洗う。包丁やまな板は、食材によってできるだけ分ける。冷凍や解凍は繰り返さず、使う分だけ解凍する。解凍は自然解凍はさけ、冷蔵庫や電子レンジを利用する、など、基本的ですが、つい「まあいいだろう」といって疎かになりやすい内容が並んでいるはずです。

▼調理

次がようやく調理の段階です。調理に関しては、「生ものは十分に加熱する」といった抽象的で感覚的なところがありましたが、後述のとおり、ＨＡＣＣＰの義務化により、何をどれだけ加熱するのか、より具体性が求められるようになってきています。この点は、飲食店がこれからもっとも注意しなければならない点でしょう。

▼食事

次に食事の段階ですが、当然、細菌やウイルスは、調理器具だけでなく、食器などのカトラリーにも付着している可能性があります。洗浄はしっかりと行うようにしましょう。また、飲食店の場合、お客様が直接料理するメニューがあったり、食べるタイミングはお客様次第というところがあります。現在、牛のレバーは生食が禁止されていますが、生のレバーを出してお客様に焼かせることは普通に行われていますので、お店としてお客様に対し、しっかりと焼いてから食べるように注意しなければなりません。飲食店の場合、食品の提供者として、誤った食べ方、長時間の放置をさせないようにする義務があるといってよいでしょう。

▼残った食品の保存

最後が、残った食品の保存の段階です。飲食店の場合、残飯の再提供はもってのほかでしょうが、煮物など、作り置きを提供することは当然にあり得ます。その場合、いつ作ったものでいつまで保存すべきなのか、専門的な立場として、感覚的なものに頼ることなく、科学的根拠に基づいて保存、管理しなければなりません。

HACCPとは

▼危害要因分析及び必須管理点

HACCP(ハサップ、ハセップ)という言葉を聞いたことがあるでしょうか。飲食店の関係者であれば、ほとんどの方が耳にしたことがあると思いますが、では具体的に何を意味し、現実に導入しているかといわれれば、逆に少ないと思われます。

HACCPとは、[Hazard Analysis and Critical Control Point] の略で、危害要因分析及び必須管理点などと訳されます。ここまででもう嫌になってしまったかもしれませんので、できるだけ簡単に説明すると、食中毒などを起こす可能性のある原因を事前に見つけ出し、それに対して科学的に対応するということです。

もっと具体的にいうと、これまでの衛生管理は、手をしっかりと洗う、肉はよく焼く、調理器具はしっかりと洗う、バックヤードも清掃する、といった抽象的で感覚的なものにとどまっていました。「よく焼く」といっても、何度でどれだけ加熱すればよいのか、牛・豚・鳥で同じでよいのかなどよく分かりません。「調理器具はしっかりと洗う」といっても、洗剤は家庭用洗剤でよいのか、煮沸消毒までしなければならないのかなどよく分かりません。

飲食店は業種や業態、もっといえば、調理する個々の人間ごとに、扱う食材やレシピ、調理方法が違いますから、これをマニュアルのようにひとまとめにするのは不可能と考えられていました。個々の調理者の知識とモラルに頼っていたのです。しかし、それはリスクと真面目に向き合うことを放棄することですから、望ましいことではありません。さらに、人や物の行き来がどんどん増えていく中で、別の国の食べ物が安心かどうか簡単に分からないのは非常に怖いことです。実際に、HACCPの母国であるアメリカを筆頭に、EU，韓国、台湾などでは、すでにHACCPの義務化が始まっており、日本は、食品の衛生管理という意味では後進国であるといわれています。日本の食べ物は安全・安心だといわれていますし、私たちもそう思っていますが、それを単なる名前だけのブランドにするのではなく、科学的根拠に基づく一定の基準を設けておかなければ、外国の方どころか、私たち自身も信頼できなくなってしまいます。

そして、日本でも、2020年の東京オリンピック開催決定を契機として、ようやくHACCPの義務化の議論が出るようになりました。2018年3月時点で、HACCPの導入を義務付ける食品衛生法改正案が閣議決定しました。おそらく近いうちに改正するはずです。飲食店としては、できることからできるうちにやっていきましょう。

「うちは小さいから必要ない」「手間がかかりすぎる」「かなりお金がかかる」といった声も聞かれます。確かに、これまでやっていなかったことをしなければなりませんから、手間がかかるのは間違いありません。ただ、複雑に考える必要はありません。HACCPの考え方は簡単で、要は、自分のお店の仕入れから調理、提供までの各手順を見直して、食中毒が起こりやすいポイントをつぶしていくだけです。次項で、小さな居酒屋を例にとって、具体的な導入手順をみていきましょう。

居酒屋でもできるHACCP

HACCPの導入に必要な手順は、大きく分けて、①衛生管理計画の策定、②計画に基づく実施、③確認・記録の3つです。

①衛生管理計画の策定

最初の①衛生管理計画の策定というのが、HACCPの根幹になります。要は、自分のお店で、現在、どのような衛生管理を行っているのか調べ、それが正しいのか吟味するのです。まずは、巻末の資料（199〜219ページ）の表をみながら、一般的に飲食店が気を付けなければいけない点（一般衛生管理）について、それぞれ自分のお店でできているかどうかチェックしてみましょう。

一般衛生管理は、全ての飲食店が気を付けなければいけないもので、原材料の受け入れの確認、冷蔵庫・冷凍庫の温度の確認、交差汚染・二次汚染の防止、器具等の洗浄・消毒・殺菌、トイレの洗浄・消毒、従業員の健康管理、衛生的な手洗いの実施といった当たり前の7項目が並んでいるはずです。初めて目にした方のほとんどは、「こんなのやっているに決まっている」と思うはずですが、問題がなければないでよいのです。これまでの個人任せの衛生管理ではなく、それらを漏らさずチェックしておき、後述のとおり、それを記録しておくことが、まさにHACCPといえます。ただ、こうして網羅的にみていくと、原材料に問題がないかは仕入れ業者まかせ、冷蔵庫の温度は機械の表示されている数字だけ、従業員の体調管理は自己申告、手洗いの方法は特に指導していないなど、意外と「だいたい」で行っているのではないでしょうか。

▼加熱しない料理

▼加熱して提供する料理

▼加熱後冷却し、再加熱する料理

一般衛生管理の確認が終わったら、次は、重要管理の確認です。重要管理というのは、お店のメニュー・調理方法ごとに、管理方法を確認するものです。

まずは、お店のメニューや商品を3つに分けてみましょう。

一つ目は、加熱しない料理です。居酒屋なら、お刺身や冷ややっこなどが挙げられます。こういった料理は過熱による殺菌ができませんから、汚染されていないものをどうやって仕入れるか、万が一付着している場合には、それを増やさないようにどうするか、といった点を確認していくことになります。お刺身でも、カツオやサバは元から傷みやすいですし、牡蠣はノロウイルスが、イカならアニサキスがいる可能性が否定できません。自社のメニューについて、一度、確認してみましょう。

二つ目は、加熱して提供する料理です。居酒屋なら、焼き魚や焼き鳥といったところでしょうか。こういった料理は、しっかりと加熱することで殺菌ができますから、確実な加熱と保温が必要です。75度で1分間加熱すれば、ほとんどの有害な微生物は死滅しますが、レアが美味しい食べ物もありますから、自分のお店のメニューごとに、どのような加熱をすれば、安全で、かつ美味しい調理ができるのか、調べてみてください。このあたりの理解が不十分ですと、「ハンバーグもレアが美味しい」といった危険な情報が出回ることになります。

三つ目は、加熱後冷却し、再加熱する料理です。居酒屋なら、煮物やみそ汁、ポテトサラダなどが挙げられます。しっかりと過熱して殺菌したとしても、その後室温で保存しておけば、多少なりとも残っていた微生物や加熱後に付着した微生物が増殖してしまいます。微生物は、10度から60度の間で増殖しますから、冷ますときはできるだけ早く10度以下に冷却保存し、再加熱するときは60度以上に加熱する必要があります。

これらの分類を済ませたら、それぞれのメニューごとにチェック方法を定めていくことになります。

自分のお店の作業手順から、一般衛生管理をチェックするとともに、メニューと調理方法から、重点管理をチェックしてみてください。少し手間がかかりますが、決して難しいことではないはずです。

②衛生管理計画に基づく実施

衛生管理計画ができれば、もちろん、あとはそれにしたがって実施していく必要があります。ここで重要なのは、実施の徹底です。飲食店の場合、多数のスタッフが出入りしますし、常に同じ人がいるわけではありません。オープンの作業をする人と、クローズの作業をする人は違いますし、それも日によって変わります。したがって、どの従業員でも同じクオリティで実施できるように、マニュアル化し、内容を徹底する必要があるのです。

③実施の確認・記録

計画を策定し、計画に基づいて実施できていれば、本来は問題ないはずですが、HACCPの重要な柱として、確認と記録があります。

しっかりと確認し、「見える化」することで、正確な実施が可能です。スタッフの変更などで、どこまでやったのか、どれができていないのか曖昧になってはいけません。

さらに、過去の記録があれば、万が一、食中毒などの事故が発生した場合にも、どこに問題があったのか、何が原因か、調査することが容易になります。そうなれば、被害の拡大も最小限に抑えることができるのです。外食チェーンなどでは、誰が何時に清掃したのか、壁にかかっていることがありますが、あのような形をイメージしてください。

▼見える化

取るだけHACCPに注意

以上のとおり、HACCPは決して複雑なものではありません。一度、マニュアルを作って習慣にしてしまえば、それを従業員に徹底していくだけで、あとは勝手に仕組みが回っていきます。

　導入に際しては、ＨＡＣＣＰ普及指導員などの専門家に指導を受けてもよいでしょう。ＨＡＣＣＰ認定機関に認定されることで、海外からのお客様にもアピールできると思います。ただ、「取るだけＨＡＣＣＰ」にならないようにしてください。認定を受けたら終わりというのでは、ＨＡＣＣＰの意味がありません。マニュアル化したら、そのとおり正確に実行することが重要です。

4 危機管理

事故は起きるときは起きる

　ここまで、食品表示を含め、食の安全に関する予防について解説してきました。ただ、どれだけ正確に表示しても、どれだけＨＡＣＣＰを実践しても、食中毒などの事

▼トレーサビリティ

▼危機管理

故は起こりえます。ＨＡＣＣＰも、万が一の事故を想定して、記録を取ることを求めているのです。製造から流通、消費まで食品の追跡可能性（トレーサビリティ）を向上させるというのも、同じ趣旨です。

そのため、飲食店としては、実際に事故が起こってしまった場合の対応（危機管理）についても、あらかじめ準備しておかなければなりません。現実に食中道が発生した場合、現場の士気を下げないためにも、素直に自己の責任を認めるのは容易ではなく、また、通常は損害保険にも入っていることから、保険会社任せになり、あまり積極的に対応しないことがほとんどです。しかし、いざというときの対応方法を誤ると、後述の例のように、問題を起こした店や事業だけでなく、企業全体に致命的な影響を与えかねません。

危機管理については、主に上場企業など、規模の大きな企業で問題になることが多いですが、小さな飲食店でも、基本的な考え方は一緒です。大企業での危機管理対応を参考にしながら、飲食店でもできる対応方法を考えてみましょう。

迅速かつ的確な広報

いざ食中毒が起きたというときにまず必要なのは、それ以上、被害を拡大させないための対応です。自分の店、自分の商品がきっかけで、深刻な食中毒が起きたという可能性が判明した場合、すぐにその商品を食べたり購入した可能性のあるお客様に対し、連絡を取るべきです。実際問題として、お客様の個々の連絡先まで分かっているケースはほとんどないでしょうから、保健所に通報するとともに、ホームページや店頭で示すなどの対応を取るべきです。小さな飲食店などでは現実には難しいかもしれませんが、ある程度の規模になれば、報道機関に情報提供する方法もあり得ます。

この第一報が遅れると、被害が拡大し、それによって、飲食店側への影響も深刻になります。戦後最大の食中毒事件である、雪印集団食中毒事件では、２０００年6月27日に、大阪市内の病院から、大阪市の保健所に食中毒の疑いがあるという第一報がありました。その後も各地から食中毒の情報が入ってきたものの、雪印が正式に注意喚起の広報と製品の回収を行ったのは29日で、そこまで丸2日を要しました。もちろん、販売数が多いことも理由の一つですが、その間に、約１４８００人もの被害者を生む事態となってしまいました。

さらに細かくいえば、当時の社長は、6月29日午前10時30分の時点で、消費者の苦情が7件あり、保健所が大阪工場を立入検査したという報告を受けていたにもかかわらず、雪印が事件を公表したのは、同日の午後9時45分でした。警察は、この11時間余りの間に問題の低脂肪乳を飲んだ58人を特定し、その58人に対する業務上過失傷害罪で、社長を書類送検しているのです。事故が起きた際に、迅速に行動しなければならないというのは、一分一秒を争うものだということが分かります。

また、深刻な事件が起きた場合には、担当者レベルではなく、代表者自らが、誠実に謝罪を行わなければなりません。2015年に起きたマクドナルドの異物混入事件（青森県内のマクドナルドで販売したチキンナゲットから異物が発見された事件）では、記者会見に現れたのは上席執行役員で、「社長は帰国中である」「現時点で社長が直接公の場で説明する予定はない」と回答し、社長は逃げていると猛烈な批判を受けました。

また、社長が広報を行ったとしても、そこでの対応は誠実なものでなければいけません。先ほどの雪印の事件では、社長が「私は寝ていないんだ」と発言して、より世間から批判を浴びることになりました。前出のユッケ事件でも、2011年の5月2日の会見では、卸売業者に責任転嫁する発言をしながら、5日の会見では、一転して土下座して謝罪をするなど、対応が一貫せず、パフォーマンスだと厳しい批判を受けました。ただ謝罪するだけでなく、誠実な謝罪が求められているのです。

最後に、当然ですが、情報については絶対に隠ぺいせず、全てを公開する必要があります。2006年の不二家事件（不二家が、期限切れの牛乳を原材料として使用していた事件）では、2006年11月には調査が完了し、社内で注意喚起の報告書まで

▼原因究明
▼真相解明

共有されていたにもかかわらず、翌年の1月に、内部告発を経て、マスコミが直接報道するまで、対外的な広報を一切行いませんでした。1月10日の報道の翌日には、当時の社長が謝罪しましたが、「隠ぺい体質だ」との批判や苦情が殺到し、売上げだけでなく、企業価値に致命的な影響を与えるに至りました。

これらの例をみても、いざ問題が起きた場合には、迅速かつ的確に広報を行う必要があるのです。

食中毒の徹底的な原因究明

原因究明をすれば、誰かの責任問題に発展します。そのため、自分や従業員、ひいては会社を守るために、原因究明をおろそかにしたくなる気持ちも分かりますが、今後の健全な店舗運営を行う上で、根本的な原因を徹底的に追及することは不可欠です。また、原因究明は、今後の再発防止策を定める際にも必要ですが、当該事件の解決にとっても有用です。ともすれば、飲食店側としては、金銭的な補償と謝罪をすれば必要十分だと考えてしまうふしがありますが、被害者は、原因究明と真相解明を求めています。

実際に私が対応した事件で、お店の備品によってお客様がけがをしたというものがありました。責任者は、丁寧に謝罪をしていましたが、当方でやり取りに目を通すと、被害者が気にしているのは、なぜこのようなことが起きたのか、そして、今後、もう同じような事件が起きないようになっているのかどうかを知りたがっているように感じました。その上で、私からアドバイスし、①その備品を交換するのはもちろん、店内にある同じもの全てを確認し、今後の使用に問題がないことを確認したこと、②当然、店舗ではなく本社にも報告し、系列全体で情報共有したこと、③責任者は厳重注意を受けて反省していることなど、本件が無駄になっていないことをしっかりと伝えたところ、被害者は十分納得し、それ以上紛争化することはありませんでした。原因究明は、当該事件の解決という意味でも有用なのです。

▼専門的な第三者に調査

実際に、事故の原因を究明するにあたっては、専門的な知識が必要になる場合があります。特に、食中毒などの場合、社内の人間では完全に理解できないことが珍しくありませんから、その場合には、必ず専門的な第三者に調査を依頼してください。「ノロウイルスが原因だ」というのは結果であって、原因の究明とは、どこからどのようにウイルスが混入したのか、なぜそれを防げる体制ができていなかったのかまで、はっきりさせることを意味するからです。

もちろん、その第三者は、会社から独立した存在でなければなりません。「お店の商品には責任がない」という都合のよい意見を書いてもらうために依頼するのではないのです。

この原因究明にも、ＨＡＣＣＰが有益なのはいうまでもありません。

再発防止策の制定

原因が分かれば、最後は再発防止策の制定です。もちろん、まずは、直接的な原因に対する再発防止策を検討する必要があります。従業員からノロウイルスが感染したのであれば、従業員の体調管理や手洗いの徹底などの対策を講じるのは当然です。しかし、もっと根本的な原因についても考えてみましょう。そのほかの衛生管理はできているのか、そもそも、衛生管理について何の注意も払っていなかったのではないかといった問題点が出てくれば、自然と、対応の方法も、もっと根本的なものに変わっていきます。そこまでやらなければ、従業員からのノロウイルス感染を防げたとしても、今度は牛肉からのカンピロバクターで食中毒が発生するかもしれません。

また、対策の方法は、抽象的なものや絵空事のようなものではなく、現実に実施することができ、かつ、実効性の高いものである必要があります。厨房器具から感染したという原因であっても、全ての厨房機器を新品に取り換えるというのは現実的ではありませんし、その必要もありません。全てを消毒した上で、付着した原因を調査し、今後付着しないようにすればよいのです（もちろん、機材の老朽化などが原因であれば、新品に取り換えるという対策になることもありえます。）、お店に過度な負担を与えるような無駄なことはせず、必要かつ十分な対応を行うためにも、正確な原因究明が必要です。

このように、再発防止策は事故の原因を徹底的に究明した上で行うことになりますが、理想的なのは、事故そのものを起こさないことです。事故が起きた時に、すでに存在していたリスクが表面化する、というだけで、リスクは元から存在しているのです。したがって、理想は、現時点でリスクを分析し、予防を講じておくことといえます。ちょうど、ＨＡＣＣＰが義務化されるところです。食中毒などの事故が起きる前に、ぜひ一度立ち止まって、衛生管理について、考えてみてはいかがでしょうか。

第四章

―クレーマー対策の落とし穴

1 クレーマーとは何か

消費者対応の重要性

昨今、消費者への対応が非常に難しくなっています。私のところにも、クレーマー対応を任せたいという相談から、クレーマー対策について話してくれという講演の依頼まで様々なお話があります。そのどれもが、方向性としては、お客様に対して、しかるべき対応を取りたいというものです。私は、「お客様は神様です」からの脱皮ではないかと思っています。確かに、お客様は神様かもしれません。神様ではなくても、お店にとって、最も大切にしなければならないものの一つです。しかし、自分は神様だという態度で、お店に理不尽な要求をする人に対しては、しっかりとモノをいわなければなりません。もっといえば、純粋なクレーマーは、そもそもお客様ではないはずです。

外食産業の大衆化路線、チェーン店化によって、広くお客様を大切に扱うことが一般的になり、お客様は神様のように扱われました。しかし、それによって、客は店に対して何をいっても許されるという誤った認識が広まってしまったように思います。本章でも解説しますが、ドタキャンなどがその例です。

最近、お客様に対しても、迷惑行為に対しては、しっかりと声を上げるお店が増えたのは、この揺り返しではないかと思います。今こそ、客側のモラルが問われているのです。

▼公益社団法人消費者関連専門家会議

消費者対応の重要性は言わずもがなですが、このことは数字にも表れています。「公益社団法人消費者関連専門家会議（ＡＣＡＰ）」という消費者対応を調査する組織が、数年に一度、企業に対し、消費者対応のアンケートを行っています。雪印乳業の集団食中毒事件、ＢＳＥ事件、牛肉偽装事件と、立て続けに食の安全についての問題が起きた２０００年代初頭から調査が始まっており、消費者からの問い合わせ受付件数が、前年比で増加したと回答した会社が、２００３年は74％、２００７年は63％を占め、多くの会社で増えたと報告されています。

▼食の安心・安全

その後、各社で食の安心・安全に対する啓蒙活動が進み、少し落ち着きましたが、２０１１年、２０１５年の調査では、サービス業を含む非製造業では、４割以上が、「増えた」と回答しており、企業の対応にもかかわらず、消費者からの問い合わせが増え続けていることを示唆しています。

各企業でも、95％以上が消費者対応専門の部門を設置しており、企業側が、消費者対応について、真剣に取り組んでいることが分かります。

私は、数多くの飲食店から相談を受ける中で、外食産業こそ、最も消費者対応が必要であると思っています。なぜなら、店と客の距離が最も近い産業だからです。しかしながら、個店の多い外食業界では、消費者対応についてどうしてもおざなりになってきたところがあります。潮目の変わってきた今こそ、外食産業が、本当の意味で消費者対応に目を向ける時期が来たのではないでしょうか。

問い合わせとクレームは違う

では、クレーマーとはいったい何なのでしょう。問い合わせ全般をクレーム扱いして、全て突っぱねてしまう方もいますが、問い合わせとクレームは違います。お客様が、サービスや食べ物に対して、お店やメーカーに質問するのは当然のことです。飲食店が売っているのは食べ物ですから、精密機器などと違って、使い方が難しいということはありません。とはいえ、お客様とお店では、知識に差があるのは当たり前ですし、お客様が食品を買ったりお店に入るときに熟慮することは少ないですから、イメージしていた内装やサービス、メニューの内容がイメージと違ったり、おいしい食べ方や保存方法など分からないことがあるのは当然といえます。お店側が当たり前だと思っていることを問い合わせたからといって、それはクレーマーとはいいません。ですから、問い合わせをする人とクレーマーは全く別物と考えるべきなのです。

▼クレーマー

では、問い合わせをする人と問題のあるクレーマーは何が違うのかといえば、この判断は難しい問題です。名前に「クレーマー」と付いているとか、電話で「クレーマーです」と名乗ってくれればよいのですが、当然そんなことはありません。そのため、お店側が、問い合わせ客の中から、クレーマーなのかどうか見極めなければならないのです。

後述しますが、私は、お店で対応できないクレーマーについては、その対応を全て自分で行うようにしています。深夜に酔っぱらったクレーマーから暴言を吐かれたり、半年近く、延々とクレーマーとのやり取りを続けたこともありました。そういった自分自身でのクレーマー対策の経験から、クレーマーとは「最初から納得する気がない人」と理解しています。

普通、問い合わせは、目的があってするものです。聞きたいこと、知りたいこと、してほしいことがあるから、問い合わせをするのです。しかしクレーマーは違います。目的もよくわからない、答えを聞いても同じ質問を繰り返す、何をしてほしいのかはっきりしない、といったように、クレーム自体が目的になっています。

▼堂々巡り

そして、その最も分かりやすい基準は、「堂々巡り」です。細かい対応方法は、次

▼理不尽な要求

▼具体的な要求

の章（クレーマー対策のイロハ）で解説しますが、一言でいえば、「堂々巡り」が始まったらクレーマーの合図といえます。

「最初から納得するつもりがない」この視点で苦情に対応すれば、短時間でクレーマーを見抜くことができるはずです。

クレーマーの分類

クレーマーにどのようなタイプがいるか、色々な専門家が分類を試みていますが、相手は人ですから、なかなか画一的な分類は難しいと思います。

それでも、ある程度の傾向はわかります。例えば、明らかに理不尽な要求をする人。店員の態度が悪かったから社長が直々に家まで詫びに来いとか、腹を下したから200万円払えとか、お店として現実的に対応が難しいような理不尽な要求をするパターンはクレーマーの代表格ですね。

それから、具体的な要求をいわないというのも少なくありません。折り返しの電話が遅い、他の店ではもっと対応がよかった、欧米ではうんぬん、といった形で、だらだらと愚痴をいい続ける割に、結局何がしてほしいのか分からないというパターンです。時間ばかり取られるという点で、意外と、お店側に損害を与えることが多いと思

▼いい負かせたい

▼反社会的勢力

▼無茶な要求をするタイプ

▼ただ文句をいいたいタイプ

います。

単にいい負かしたいというパターンもあります。最初は中身のある問い合わせなり苦情だったものが、その後のやり取りで出てきた言葉尻などをとらえて、昨日いっていたことと違うといい始めたり、飲食店とはかくあるべしのような、よくわからないそもそも論や高尚な言葉を並べ立てて、相手をいい負かすこと自体が目的になってしまっている人です。こういうクレーマーは、最初から気持ちよく謝罪しておけば意外とすぐに収まるのですが、謝ると何を要求されるか分からないということで、現場の担当者がいいよどんでいる間に、相手の気持ちが熱くなってしまうことがあります。

(この点についての対応も後述します。)

このほか、最近ではかなり減りましたが、暴力団などの反社会的勢力もクレーマーといえばそうでしょう。ただ、いわゆる暴力団対策法や暴力団排除条例によって、組織的で執拗な反社会的勢力はかなり減りました。私の知る経営者も、飲み屋街でスナックを開いたところ、開店直後にみかじめ料を請求されましたが、絶対に払わないと一喝して以降、一度も来ていないそうです。その意味では、お店としては、よっぽど「お客様」の方が怖いかもしれません。

このような傾向を私なりにまとめると、①無茶な要求をするタイプと②ただ文句をいいたいタイプの2種類に収束するのではないかと思います。

2 クレーマー対策のイロハ

苦情への対応

ここからは、クレームや苦情対策の基礎について解説していきます。クレーム対応というと、どうしても担当者による個別対応となっている飲食店が多いと思います。ある程度の規模でも、クレームについては現場の店長に一任しているのが実情です。

ただ、クレーム対応は、一度間違えると大炎上することがあります。担当者に何度も電話する、お店に客として何度も来て、その都度担当者を出せという、社長と直接連絡を取ろうとする、インターネットで誹謗中傷する、ビルオーナーや商業施設本体に通報するなど、嫌がらせをしようと思えばいくらでもできてしまいます。私が途中から入ったケースでも、初手を誤ったばかりに、その対応で現場も幹部も疲弊し、会社に対する現場の士気や忠誠心は下がり、お店と商業施設本体との関係も悪化したという悲惨なものがありました。ただ、逆にいえば、最初から間違えずに対応しておけば、ここまでならずに済んだということです。

現場の担当者はあくまで現場の従業員ですから、クレーム対応に慣れておらず、その対応だけで疲弊してしまいます。マンパワーの問題で、現場で対応させること自体はやむを得ませんが、ある程度、クレーム対応のマニュアル化をしておくことで、現場の混乱を避ける必要があります。これは、経営部門の責任といってもよいでしょう。

▼クレーム対応のマニュアル化

一般的に、消費者対応が必要になる業界では、苦情対応のマニュアルと対応部門がしっかりと定められています。しかし、最も顧客との距離が近く、苦情も多いはずの飲食店が、しっかりと対応方法を確立できていないというのが私の経験です。

苦情対応の3つの原則

▼しっかりと謝る

苦情対応の基礎の基礎は、3つの原則を守ることです。

まず「しっかりと謝る」ということ。よく、「謝れば非を認めたことになる」という相談を受けますが、ここは日本ですから、道義的に謝ることと法的責任を認めることとは一緒ではありません。日常生活で、自分が悪くなくても、一言「すみません」と謝るのと同じです。なんとなくしっくりこなければ、「(結果的に食事やサービスに満足いただけずこのような手間を取らせて)すみません」と脳内変換してください。とにかく、まずはしっかりと謝りましょう。

怒っている原因を理解する姿勢を示す

できる限り要求を確認

私が後から相談を受けたケースでも、相手方から、「最初に一言も詫びがなかったのでここまでややこしくなってしまった」といわれることが少なくありません。まずはしっかりと謝る、これが基本中の基本です。

次に、相手が何に怒っているのか、怒っている原因を理解する姿勢を示すことも重要です。不条理な内容であっても、相手も暇つぶしで電話しているわけではありませんから、何かしら理由があるはずです。食事がおいしくなかったのか、ごみが入っていたのか、腹を壊したのか、店員の態度が悪かったのか、提供が遅かったのか、値段が高いのか、無限にありますが、本人が気にしている最も重要な点が何か、聞き出してください。相手は苦情をする段階でかなり熱くなっていますから、整理して話を聞くというのは、実は意外と難しいのです。ただ、ここがぼやけたままだと、話が全く進まないどころか、苦情をはぐらかされたと、かえって火をつけてしまいます。話をできるだけ整理して、お客様が最も納得していない点をしっかりと認識した上で、「満足させることができずすみません。」と謝るのです。そうでないと、「ただ謝ればいいと思っているのか」という常套句に続いてしまうことになります。

最後に、できる限り要求を確認してください。相手は苦情をいっていますが、はっきりとはいわないにしろ、その背後には、何かしらの要求があるはずです。原因は様々ですが、要求に関しては、返金・返品や慰謝料、再発防止策の約束など、ある程度シンプルですので、相手が何を求めているのか、見極めなければいけません。

もちろん、あまり強く、「では何をしてほしいのか」と聞くわけにもいきませんから、そこはニュアンスの問題でよいのです。そもそも、ただ腹の虫が収まらなくなって電話しているだけで、本人でも何をしてほしいのか分からないケースがあります。実際問題としては、少なくとも、はっきりと要求を示している人については、それを把握しておく、くらいで構いません。その上で、できる限り、何をしてほし「そう」なのか、最初の段階である程度見極めておくということですね。

苦情対応の3原則はこれですが、これらとは別に、何点か、やってはいけないことがあります。

まず、絶対にしてはいけないのは、「その場で回答する」ということです。相手は、必ず要求に対する回答を求めてきますが、その場で回答してはいけません。その場しのぎで、曖昧な回答やできない回答をしてしまうと、後でそのこと自体を指摘され、元の苦情とは別の苦情が生じてしまいます。必ず、「自分では回答できません。事実関係を確認の上、責任者と協議して○日以内にご回答します」と回答してください。責任者を出せといわれた場合も、その場での判断につながりやすいですから、やめた方がよいでしょう。

また、反論したり議論するのもNGです。相手は絶対に自分が正しいと思っていますから、こちらが説明したとしても、すぐに納得することはありません。そのような人はそもそも苦情のために連絡までしないでしょう。むしろ、話を遮ると、もっと熱くなりますので、ある程度の時間をかけて、相手が話したいだけ話させることが重要です。

もちろん、明らかな誤解のときは、説明が必要ですが、基本的には、いいたいことがあっても反論してはいけません。議論しても疲弊するだけです。どんなに理不尽なことでも、どれだけ暴言を吐かれても、決して感情的にならず、「申し訳ありません。貴重なご意見として社内で共有いたします。」と回答するのが無難でしょう。

▼電話内容の録音
▼メモを取っておく

それから、徹底してほしいのは、電話内容を録音するか、少なくともメモを取っておくことです。日時、対応者、応答内容、今後の進行（いつどちらから連絡するのか）、次回までの宿題（何かお店として回答することがあるのか、あればその結論）などについてできる限り詳細に残しておくことで、誤解も生じにくくなりますし、万が一、さらに紛争化した場合でも、貴重な証拠の一つとなります。私が間に入った場合には、何度か電話で話したのち、今後やり取りに齟齬がないようにということで、書面かメールでやり取りし、記録を残します。あくまで、「やり取りに行き違いないように」「あくまでお客様に負担をかけないように」という理由を説明するようにしてます。

これらを簡単にまとめておいた上で、実際のクレームごとに、対応方法を類型化しておくと、担当者としてはさらに安心できるでしょうし、担当者個人の能力に頼らない、飲食店としての統一した対応が可能でしょう。

▼対応窓口

誰が対応するのか

飲食店の場合、クレームや苦情が多いですから、私が相談を受けた場合、必ず、社内で対応窓口を一つ設けることを推奨しています。とにかく現場での対応は、現場の士気を下げますし、時間を取られること自体が非常に大きな損失です。苦情の担当者を設けておけば、現場は、「担当者から連絡させます。」で済みますので、安心できるでしょう。もちろん、飲食店の苦情は、そう深刻なものばかりではなく、その場で吐き捨てるように文句をいって終わりというケースもよくありますので、対応窓口や担当者といっても、専従にしておく必要はなく、管理部門の誰か（できれば管理職のように肩書があった方が、相手の納得感が得られやすいといえます。）に兼任してもらえばよいでしょう。

▼はきはきと話す
▼物事に動じない
▼小まめに条件を満たす人

苦情対応の上手い人は、①はきはきと話す、②物事に動じない、③小まめに条件を満たす人です。

向こうは苦情がある時点で感情的になっていますから、担当者の受け答えがはっきりせず、声に張りがなかったり、自信なさげに話されると、より感情的になります。申し訳ないと思っていなくても、気持ちよく「申し訳ない」といえるような、謝罪を含め受け答えをはっきりとできる役者タイプの人がよいでしょう。

次に、相手によっては、乱暴な言葉を使ったり、脅迫めいたことをいうことがあります。私も以前コールセンターで働いていたことがありますが、すごい剣幕で突っかかってくる人がたくさんいました。そのような言動に驚いてしまう人は、相手とのやり取りでも冷静な対応ができません。押しに弱いと、相手の勢いに押し切られてしまい、理不尽な要求に応じてしまうことがあります。そうなれば、ほぼ間違いなく、「あのとき担当者が約束した」と文句をいわれますので、いくら責められ、なじられても、「できないことはできない」とはっきりといえる肝の据わった人が適任です。何時間も怒り続ける人なんかいないだろう、とか、命まで取られるわけじゃないし、と達観している人のことですね。そうでないと、この業務を割り振られただけで、とてつもない心労になってしまいます。

最後に、苦情対応は、小まめな対応ができなければなりません。苦情をいってくる人は、神経質な人が多いですから、担当者がいい加減で大雑把な人だと、逆撫でをすることがあります。3日後の何時に連絡すると約束したら、間違いなくそのとおりにしなければなりませんし、以前話したことを失念したり、翻してもいけません。話した内容を正確に記録に取る必要もありますから、まめな人というのも、重要な条件といえるでしょう。

クレーマーを見抜く

先ほど、クレーマーは最初から納得する気がない人と説明しましたが、そうだとすると、クレーマーは、問い合わせた人が途中からクレーマーになるのではなくて、クレーマーは最初からクレーマーだということになります。私の経験上も、クレーマーは最初からクレーマーです。普通の顧客は、行動が合理的ですから、よほどこちらがふざけた言動をしない限り、豹変することはないのですから。途中からクレーマーになった！というのは、途中で、クレーマーだと見抜けただけということになります。

ということは、クレーマーをいち早く見抜くことが必要だということです。先ほども述べましたが、「私はクレーマーです」と名乗ってくれたり、額に「クレーマー」と書いてあればいいのですが、そんなわけはありませんから、見抜くための基準が必要になります。

私はこれを、「堂々巡り」したタイミングとしています。まず、最初は苦情対応、意見窓口という形で対応し、1，2度やり取りをして、同じ話を繰り返したり、何度話しても要求を明らかにせず、話が堂々巡りになった人については、クレーマーといってよいと思います。

無理だといっているのに、譲歩するでもなく、要求を変えるでもなく、同じことをいい続ける。要求も明らかにせず、ただ「どう考えているんだ」「どうしてくれるんだ」と怒り続ける。謎の正義感を振りかざし、自分の件から離れたそもそも論やお題目のようなことをいい続ける。これらはどれらも典型的なクレーマーです。クレーマーだと見抜いた段階で、クレーマー用の対応に移ってください。

クレーマーは怖いのか

ではクレーマーだと判明した場合、どう対応するのがよいのでしょうか。答えは非常にシンプルで、はっきりと「NO」ということです。無理な要求については「無理だ」ということを、要求がはっきりしないのであれば「これ以上の対応を打ち切る」とはっきりといい、それでも連絡してきたり、お店に押し掛けるようであれば、業務妨害になりうることを説明した上で、お店として、警察や弁護士に相談してください。そして、そのことをはっきりと相手に伝えるのです。

しかし現実問題として、そこまでやるケースはほとんどないと思います。よくわからないクレーマーに脅され、慰謝料名目で金銭を支払ってしまったという相談もあります。なぜお店は毅然と対応できないのでしょうか。

よく聞く理由の一つは、クレーマーが怖いというものです。現在はネット社会ですから、ネットに悪評を書かれたらどうしようということです。もう古いかもしれませんが、1999年の東芝のクレーマー事件で、個人の顧客がインターネットを使って非常に大きな問題提起ができるということが分かりました。その後、外食産業では、口コミサイトなどの普及によって、インターネット上の評価を無視できない状況になっています。ただ、元も子もないかもしれませんが、仮に返品、返金したとしても、書く人はどうせ「対応が悪かった」と書くのです。むしろ、文句をいったらタダで飲み食いできた、といったモラルハザードに至る可能性も否定できません。したがって、ことさらに過敏になる必要はないのです。

「納得できなかったら裁判を起こしてください」といって、本当に裁判沙汰にならないのですか、という質問もよくあります。ただ、飲食店のトラブルは、大規模で深刻な食中毒事件でもない限り、そもそも多額の賠償が問題になることはありません。数万円の請求のために、訴訟費用や時間的なコストをかける人はいないのです。後述しますが、私が実際に対応したケースで、数か月にもわたり、裁判を起こすといってきたクレーマーがいましたが、結局は何もありませんでした。お金をかけたり損をしてまで何かをしてほしいわけではない、という意味では、単に文句をいいたいだけともいえます。その場合は、むしろ裁判所の窓口で大騒ぎして終わることもあるでしょう。もちろん、苦情の内容が本当で、お店としても真摯に対応すべき事案であれば、誠実に対応しなければなりませんが、そもそも、クレーマーの文句は、ほとんどが難癖のようなものですから、裁判沙汰になることなど、恐れるに足りません。

最近では、消費者センターに通報する人もいます。消費者センターというのは、ジャンルを問わず、消費者として商品やお店の対応に苦情をいうことができる役所の一つで、消費者センターを通して、お店に苦情が入ることもあります。最悪の場合、民間の消費者団体や、監督官庁に通報され、公表や、行政指導に至るケースもないわけではありません。ただ難癖をつけるだけのクレーマーの場合、一番困るのは、とにかく時間を取られることです。その意味では、消費者センターが間に入り、苦情の内容や要求をまとめてくれたり、代わりに相手をしてくれますから、むしろ好都合といえます。消費者センターは役所ですから、当然、お店に対して理不尽な要求はしません。安心して相談してもらいましょう。

こうしてみると、飲食店がクレーマーを怖いと感じている理由は、全て、あってないような理由ということになります。なぜか分からないが怖がっているだけという意味では、総会屋やみかじめ料などと同じでしょう。

また、「怖い」という理由のほか、「クレーマーとはいえ、お客様はお客様だから…」とか、「最後はわかってくれるはず」といった声も聞かれます。しかし、食べに来た時点ではお客様だとしても、悪質なクレーマーになった段階で、お客様ではないですし、まして神様でもありません。

こうしてみると、飲食店が、クレーマーという漠然とした見えない恐怖におびえ、毅然と対応しないことによって、自ら、悪質なクレーマーを生んでいるとすらいえます。

▼毅然とした対応
▼NOという勇気

飲食店のクレーマー対策の極意は、毅然とした対応と、NOという勇気なのです。

3 弁護士のクレーマー対策と解決事例

弁護士のクレーマー対策

私のところにも、クレーマー対応の相談がたくさん寄せられます。対応をアドバイスして、お店側で解決できたケースから、実際に私が間に入ったケースまで様々です。ここでは、具体的な解決事例を交えて、私の実際の事件処理をご説明します。

クレーマーで悩んでいるという相談を受けると、まずは、具体的なやり取りと共に、どのような段階かを確認します。

顧問先である場合には、苦情が来たがどう対応すればよいか、という最も最初の段階であることが多いですので、事案に応じて、回答方法をアドバイスしています。苦情の内容が合理的なものであれば、社内で調査の上、返金や保証、謝罪などを含めて、具体的な対応を検討します。明らかに不合理なものであれば、それでもしっかりと謝罪（特に体調に関わるクレームの場合）した上で、調査と検討の結果、お店として具体的な対応は考えていないことや、お客様の貴重な意見として従業員全員で共有することなどを伝えるようにアドバイスすることが多いと思います。「顧問弁護士と協議した結果」ということで、法律的な視点で回答すると、沈静化することも少なくありません。そうしておけば、次の段階で私が入る際にも、「弁護士の見解なので弁護士から直接説明させる」ということで、バトンタッチしやすくなります。

もう少し発展していて、議論が並行している場合、つまり「堂々巡り」になっていてクレーマー化している場合には、私が入ります。その場合、いきなり弁護士が入ると、相手は脅されたと感じることがありますから、まずはその時点まで対応していた担当者から、「社内で協議したところ、しっかりと意見を伺い、法的な側面で専門家の交通整理が必要と判断したので、今後は顧問弁護士から連絡させるようにする」と伝えてもらいます。引き継ぐ際にも、できる限り角が立たないように配慮しています。

もちろん、事案にもよりますが、中にはこの段階で、「弁護士を出して雲隠れか」とか「もう関わり合いたくないのでいいです」といった言葉を残して、以降の連絡がなくなることもあります。難癖をつける悪質なクレーマーや話を聞いてほしいだけの場合は、弁護士を相手にしても仕方がありませんので、それ以上進展しないのかもしれません。

さらに進展して、私が直接間に入ることになった場合でも、まずは謝罪から入ります。時間と迷惑をかけて申し訳ないと謝罪した上で、相手のいい分をしっかりと時間をかけて聞くようにしています。相手は弁護士というだけで身構えていたり攻撃的になっていますから、敵ではないのだということを、姿勢で伝えているつもりです。

意外と多いのが、相手から直接話を聞いた内容が、担当者から聞いていた内容と異なるというケースです。担当者も、現場や別の業務があったりしますから、しっかりとヒアリングできていないのかもしれません。もちろん、相手が都合のいいことをいっている場合もありますから、鵜呑みにはしませんが、そのような場合には、私の方でも一度持ち帰り、担当者に事実確認をします。その上で、その後の話し合いを続けますが、仮に担当者のいっていることと、相手のいっていることに矛盾があったとして、それについて文句をいわれたとしても、今後そのようなことのないように、私からも指導を徹底すると伝えるだけですので、担当者と私との間では隠しごとをしないようにお願いしています。

いずれにせよ、経緯を含め事実確認を行った上で、必ず、最終的に要求を確認します。「私の方でお店に話を持っていくので、納得するために何をしてほしいのか明確にしてほしい」と、具体的な要求を確認するのです。具体的な要求が出てきた場合には、お店に持ち帰り、対応が可能かどうか確認します。仮にその要求が法的に難しかったり、内容が不合理であったとしても、経営判断として何らかの対応をすることはありえますし、そのようなアドバイスをすることもあります。おなかを下したという相談に対して、お店の食べ物が原因とは考えにくいケースでも、返金に応じたケースもありました。飲食店としては珍しくない対応だと思います。

他方、私から確認しても、最終的に具体的な要求が出てこなかったり、恐喝のような不合理な要求がある場合には、これ以上の対応はできない、とはっきりと回答します。その上で、今後のやり取りは、「いった、いわない」にならないように書面やメールで行ってほしいこと、それ以外の対応はしないこと、納得できなければ法的手続きをとってほしいことも伝えておくことにしています。暴言を吐いたり脅すような悪質なクレーマーには、それ以外の対応をしたり、お店に連絡するようなことがあれば、業務妨害や恐喝にもなりえるので、損害賠償請求や警察への通報も検討する、と伝えることもあります。

ここまでいって、さらに業務妨害のようなことまでしたり、実際に裁判までされたことはありません。悪質なクレーマーには、毅然と対応することが必要だというのは、私の経験からも確信しています。

手前みそではありますが、お店としては、やはり弁護士に丸投げすることで、時間を取られずに済むということが、大きなメリットとなっているようです。また、お客様とクレーマーは違うといっても、やはりお店側から直接「二度と来るな」というのはいいにくいでしょうから、それを任せられるという意味でもご安心いただけているようです。それから、弁護士としては微妙なところですが、仮に私が揉めたときでも、弁護士をスケープゴートにして、解任してしまえば、お店への直接の影響を避けられるという理由もあるようです。

いずれにせよ、クレーマーで揉めた場合には、専門家に相談するというのが一番の解決策だと思います。

頻繁に来るが、毎回クレームを入れる客

ここからは、実際の事件を基にした解決事例をいくつか挙げたいと思います。

まずは、高単価なイタリアン・レストランでのケースです。そのお客様は、いわゆる固定客で、高価格帯のわりに定期的に訪問してくれますから、その意味では上客です。

しかし、そのお客様には大きな問題があって、来店するたびに、スタッフに説教するのです。いわく、「一流レストランとしてうんぬん」とか、その店は海外に本店があるレストランでしたので、「本店はもっとこうだった」という形で、苦情のような、

意見のようなことを毎回長時間いっていました。最初は、上客ということでお店側も受け入れていましたが、従業員の方が疲弊し、対応に苦慮してしまったため、私に相談したのです。

いわゆる悪質なクレーマーとは違いますし、見方によっては、お店に対して率直な意見をいってくれるよいお客様ともいえますから、色々な考え方があると思います。ただ、私とお店側で協議した結果、最終的には、今後、お店への入店をお断りするという結論になりました。

よくあるご相談として、お店はお客様を出入り禁止にできるのかというものがありますが、顧客とお店はフェアな関係ですから、顧客がお店を選べるのと同じように、お店も顧客を選ぶことができるのです。焼き鳥屋さんで串を外したり、とんかつ屋さんで衣をはがす客を出入り禁止にしても問題ありません。

このケースでは、特に理由を述べませんでしたが、端的に、今後のご来店をお断りするということを伝え、終わらせることにしました。

その対応に納得できなかったのか、その後も、私相手に、サービスの不適切さなどを延々と述べた挙句、「本店にもクレームを入れる」「裁判を起こす」「○○裁判所に訴える準備中」「○○法律事務所と○○法律事務所は懇意にしているので現在相談している」と、まことしやかな連絡を、数か月にわたって続けてきましたが、最終的には電話もなくなり、解決しました。

そこから1年経って、また予約の連絡を入れてきたのは、笑い話にもなりませんでした。もちろんお断りしましたが。

コンタクトをなくしたから弁償しろ

これは飲食施設も併設している宿泊施設でのトラブルです。洗面台のところにコンタクトを忘れたというお客様がいたため、宿泊施設側で調査しましたが、そのようなものは見当たりませんでした。清掃の日報も付けていますので、その日の日報を調査し、清掃担当者にもヒアリングしたものの、全く心当たりがありませんでした。やむを得ず、そのように回答したところ、お客様からは、「勘違いなどあり得ない」「清掃係が間違えて捨てたに決まっているから損害賠償しろ」と主張してきました。ここまでは苦情としてあり得るのですが、お客様の求める賠償の内容というのが、無くなったコンタクトレンズが使い捨てであったにもかかわらず、6か月分という大量の枚数だったのです。ご丁寧に購入時の領収証まで送ってきましたので、そのお店に確認を取ると、その商品については返品済みという回答がありました。

ここまでくると、詐欺の可能性が高いと判断できましたので、私から、調査の内容を伝えた上で、納得してもらえないのであれば裁判を起こしてほしいと伝えると、ではそうするということで、そこで回答がなくなり、終結しました。

事実関係の調査と、毅然とした対応が非常に重要だと思いしらされたケースです。

サプリが効かないから返品してほしい

これは健康食品のメーカーからの相談でした。よくあるケースなのですが、サプリなどの健康食品は、医薬品と違って、劇的に何か効果があるわけではなく、法律上、そもそも効果や効能を保証してはいけないことになっています。もちろん、誇大広告や内容物を偽ることは違法とはいえ、買い手も、効果についてはある程度理解しているはずなのですが、やはり定期的にこのようなクレームはあるようです。

このお客様も、「健康にならないから返品しろ」というクレームでしたが、健康食品などの物販の場合、一度返金すると、大量の返品に至るケースもありますから、会社としては、返品に応じることはできませんでした。

その旨を告げても、同じ内容のクレームが続きましたので、やむを得ず、私にバトンタッチすることになりましたが、担当者が、今後は弁護士が対応する、と告げた途端、「それがお宅のやり方か。もう関わり合いたくない」といって、それ以降連絡がなくなりました。

面白いのは、このお客様も、少し経ってから、また別のサプリを購入したというところです。

深夜のクレーマー対応

居酒屋などの場合、店員とのトラブルを主張するお客様もいます。このお客様も、お店で大声で電話をしていたところ、その場ではなく退店してから、店員に注意されたことに激高し、クレームに発展しました。現場ではかなり険悪な雰囲気になったため、警察官が立ち会って、何とかその場を収めるような状況でした。

当初は、本社の担当者でやり取りをしていましたが、とにかく粗暴な発言が目立つ上、具体的に何を求めているのか分からないという典型的なクレーマーで、数度のやり取りを経て、私が窓口になることになりました。

原則通り、私も丁寧に対応し、確かに、お店や現場スタッフとしても、うるさいのであればその場で注意すべきだったと伝え、お店側にも、直すべきところは直すよう指示するという交通整理をしました。そのため、当初は、「先生に入ってもらって本当によかった」と感謝までしていたのですが、途中から態度が急変しました。きっかけは、お店としては、店長を厳重注意して終わりと考えている、と伝えたことです。

そこからは、会社としてどう思っているのか、自分がどれだけこの店を愛していてこれまで何度利用したか分かっているのか、注意して終わりでよいと思っているのか、社長と弁護士と自分で決着をつけようといった内容をまくしたてるようになり、深夜に泥酔した状態で電話をかけてくることもありました。当日立ち会った警察官とも連絡したところ、地元では悪い意味で有名な人だそうです。

やはり、最終的に金銭解決を望んでいたようで、最後は、金銭を要求されましたが、最終的に拒絶し続けたところ、裁判を起こすと豪語してやり取りは途切れました。

粗暴なタイプのクレーマーでしたので、途中からショートメールで対応するようにしていましたが、丁寧な言葉遣いをしているあたり、手慣れている印象を受けました。

店員へのストーカー

これは少し深刻な事例で、お客様が、喫茶店に勤務する特定の女性従業員に対し、執拗に面会を求めたというケースです。

喫茶店ですから、当初は、常連客ということで、仲良く会話していたのですが、徐々にプライベートな質問などを行うようになりました。その女性従業員も、あまりに距離が近いと困惑しますから、お店側は、できる限りその従業員を現場に出さないようにしました。そうしたところ、徐々に、お客様の方が感情的になり、その従業員を出せ、出すまで帰らないといって居座るようになり、他の従業員のサービスにも苦情をいうようになりました。本社の担当者で対応するようになってからも、来訪はやまず、最終的には、お店で出している食品に、異物を混入するかのような発言をするに至ったのです。

お店としても、万が一のことがあってはいけませんので、本社の担当者、弁護士、入居していた商業施設の担当者で対応を検討し、今後の入店をお断りすることになりました。ただ、連絡先が分かりませんので、訪問したタイミングを見計らって、弁護士名義での書類（今後の入店を断る旨を丁重に記したもの）を渡すとともに、商業施設の警備員を近くに配置してもらいました。

非常に緊張感のある瞬間でしたが、その後、嫌がらせはおろか、来店もなく、無事解決に至りました。

ここまでみてきたように、クレーマー対策は、基本的な対応方法をマニュアル化するとともに、あくまで、相手に合わせて臨機応変に対応する必要がありますので、具体的な対応をした場合には、ぜひ、事例ということで、社内でも共有するようにしてください。

4 ドタキャン対策

ドタキャン問題の深刻さ

ここ数年、ドタキャン問題についてのセミナーや寄稿の依頼が非常に増えています。ドタキャン自体は昔からありましたので、ドタキャンが増えたというよりも、ドタキャンを良しとしない風潮が一般的になってきたのかもしれません。もともと、ドタキャンというのは、飲食店としては避けられない問題でしたが、泣き寝入りが当然で、ある意味、歩留まりのように考えられていたものと思われます。

その理由は、キャンセル料を請求するのは、費用的にも時間的にもコストがかかり過ぎてしまい、単純にペイしないことや、ドタキャンしたといってもお客様ですから、お客様との間でもめ事になれば、次の来店はしてもらえない可能性が高いですし、そのことの風評が気になることなどが挙げられるでしょう。

ただ、実際問題として、ドタキャンというのはお店にとって非常に深刻です。用意していた食材が生ものですと、転用できませんし、配置していた従業員を持て余すことにもなりかねません。最も大きいのは、予約客のために確保している分、他のお客様を入れることができないということです。回転させてなんぼの飲食店では、この逸失利益（得られたはずの利益）が非常に大きいといえます。

予約顧客管理システム大手のテーブルソリューションの調査では、平成29年12月の全予約件数約120万件のうち、キャンセルは約16万7000件ほど（13・8％）で、さらにそのうち無断キャンセルは約1万2500件ほど（キャンセル全体の7・5％）だったそうです。一店舗あたりの平均では、毎月、10件弱の無断キャンセルが生じています。キャンセルの中でも無断キャンセルは、飲食店に大きな損害を与えますが、平均して3、4日に一度は無断キャンセルがあるわけですから、飲食店としては、何らかの対策を講じる必要があるはずです。予約単価1万円としても月10万円が失われているわけですから。

また、データに基づくものではありませんが、ここ数年、インターネット経由での簡易な方法での予約が増え、相手が見えないという顧客の心理的にも、キャンセルをしやすくなったという意見があります。また、指先で画面をクリックするだけですから、同時並行で複数店に予約できるかを探していると、どこにどう予約したか、顧客自身もよくわからなくなってしまうのかもしれません。

いずれにせよ、先ほどの様々な理由から、飲食店が厳しく対応することはほとんどありません（できません）でした。

しかしながら、昨年ごろから、居酒屋の店主などが、個人として、ツイッターなどで、「〇名の貸し切りがドタキャンされて連絡も取れない」といった情報発信を行うようになりました。マスメディアでは取り上げられなかった被害が、SNSなどを通して、お店から世間に直接拡散されるようになったのです。世論はほぼ全てドタキャンに対して批判的で、中には、キャンセルが出たというお店のツイッターをリアルタイムで見て、お店を救うためにそのお店に行くことを拡散する、という小説のような話もありました。

このような世論の変化を背景に、「ドタキャンをなくすようにしよう」「ドタキャンするお客様の方が悪い」「お店側はドタキャンに対して泣き寝入りしてはならない」という動きが、ここ最近、非常に増えてきているのです。

ドタキャンされないために

そもそもドタキャンとは何かといえば、もちろん、「土壇場でのキャンセル」になるわけですが、飲食店の場合、お客様の予定もありますから、キャンセル自体はある程度やむを得ない部分があります。ただ、キャンセルといっても、1週間前にキャンセルするのと、予約時間直前にキャンセルするのでは違いますし、一番悪質な無断キャンセル（いわゆる「ノーショー」）に至っては、もはや業務妨害とすらいえます。アラカルトなのかオーダーメイドのコースなのか、数人なのか貸し切りなのかなど予約の内容によっても、お店への影響は全く変わります。

問題は、お店側がこれら全てをひとまとめにして、対策を講じず、「しょうがない」と諦めていたことなのです。

具体的な対応方法については、業種や業態によって、お店独自に色々なものがあると思いますが、ここでは、もっぱら法律的な見地から、最低限やっておいてほしいことを解説したいと思います。

絶対に必要なのは、いつキャンセルをしたらどれだけのキャンセル料がかかるのかを、インターネットなどで明示しておくことです。キャンセルになった場合、お店に損害が出ますが、「食材やスタッフを他に転用できたのではないか」「予約がなかったとして本当に他の客は入ったのか」「入ったとしてその売上げはいくらなのか」「利益はいくらなのか」など、後から損害額を計算するのは、はっきりいって至難といえるでしょう。そのため、事前に、キャンセルをした場合、○円の損害が生じたとみなして、請求しますよという、損害賠償の予定をしておくのです。もちろん、不相当に高額であれば無効になってしまいますが、基本的に、無断キャンセルであれば、平均客単価程度のキャンセル料は認められると思われます。キャンセル料を明示しておくことで、お客様側も、安易な気持ちでキャンセルしなくなるという心理的な効果もあるはずです。

ただ、インターネット上での掲示ですと、あとで、「そんなことは知らない」ということもありえます。予約の際に、携帯電話の番号を聞くことは一般的ですから、予約確認ということで、予約の内容をキャンセル料について、ショートメールを送付し、念押ししておくことも、良い方法だと思います。

実際に、私の顧問先や、居酒屋チェーン店などでも、そのような方法を取っているそうです。後述するドタキャン裁判でも、このショートメールが証拠として非常に貴重なものになりました。

次に、貸し切りなど大きな予約の場合には、デポジットをもらうというのもあり得ます。デポジットは、予約時に一定の金額をもらうという方法で、一律○円というものから、予定している支払合計の何%というものまで、色々とあります。

よく、デポジットをもらう方法にすると、面倒だということで、お客様が敬遠してしまうのではないか、という質問を受けることがありますが、その場合、デポジットも面倒で払わないお客様は、お店にとって優良なお客様といえるのかよく考えてほしいと伝えています。私の感覚では、多人数の予約客の場合、デポジットをもらうようにしたからといって、そこまでお客様はお店を敬遠しないのではないかと考えていますが、弁護士的な発想が強く出ているかもしれません。

最後はリスク管理の問題です。潜在的な顧客に敬遠されるくらいであれば、ドタキャンのリスクを引き受けるというのも、経営判断としては当然あり得ます。

最もよいのは、予約管理システムの中に決済まで組み込んでしまい、デポジットやキャンセル料を自動的に引き落とせるような形になることですが、日本の場合、クレジットカードすら完全に普及しない現金社会ですから、もう一段階、技術革新が起きないと、難しいかもしれません。

ドタキャンされたらどうするか

いざドタキャンされた場合の対応は2つしかありません。請求するか、請求しないかです。ざっくばらんにいって、私は、請求しないというのもあり得る選択肢だと思っています。いくら簡単なオペレーションにしたとしても、やはりある程度の手間は不可避ですし、立ち飲み屋などのように、そもそもキャンセル料を考える意味がないような業種もあるはずです。

請求するとした場合、まずは電話やショートメールで請求することになりますが、顧問先からの話では、やはり具体的な弁護士名を挙げるかどうかで結論が異なるそうです。単価や人数でも違うと思いますが、ある顧問先では、ある月のキャンセル全てについて、キャンセル料を支払ってもらえたという話もありました。確かに、受け取る方としても、「払ってください」よりも、「払ってもらえないと弁護士から連絡があります」といわれる方が緊張感もあるはずです。

それでもだめであれば、今度は弁護士から連絡をすることになります。この段階でほとんどは話し合いに応じるのですが、それでも無視する方は一定程度います。また、ほとんどの飲食店（特に個店）は、そもそも顧問弁護士がいませんから、その段階で弁護士に依頼すれば費用倒れは確実です。

そうなると、そこまでやって、通常は終わりというのがほぼ全てといえるでしょう。それでもあきらめなかったのが、次のドタキャン訴訟になりました。

日本初？ドタキャン裁判

平成30年3月9日、おそらく日本で初めてではないかと思われるドタキャン訴訟の判決が出ました。相手が欠席でしたので、裁判所が何か具体的な判断をしたわけではありませんが、非常に大きな注目を集めました。その意味で、価値のある判決だと思います。

経緯は単純です。私の顧問先の飲食店が、40人で一人3480円の貸し切り予約を受けたところ、予約時間を過ぎても連絡がなく、無断キャンセルとなったという事案でした。「弁護士から連絡がある」とショートメールを入れたところで、電話があり、携帯電話をなくしたと伝えてきましたが、後ろでは、別の場所で宴会をしているような騒がしい声が聞こえていたそうです。

お店からバトンを受けとった私は、すぐに本人に連絡しました。本人の話では、自分はあくまで窓口なので、別の担当者から連絡させるとのことでしたので、待つことにしました。しかし、その後連絡はなく、再度、本人に連絡をしたところ、確認するとの回答でしたが、その後も連絡はなく、そこからは一切の連絡が取れなくなりました。

通常であれば、ここで諦めざるを得ません、顧問先にも、やむを得ないのでは、と損切りを提案しました。しかし、その顧問先の店長は私にこういいました。

「私の周りでも同じようにドタキャンで泣かされている人がいる。その人たちは、みんな今回の事件に注目している。今回は、業界のためにも、できる限りのことをしたい。」

私個人としては、はっきりいって、お店にとって得のない判断だと思いました。ただ、その強い決意に、弁護士としての私は突き動かされたのです。

弁護士の場合、弁護士会を通して、携帯電話会社に照会をかけることができ、電話番号から、契約者の名義や住所を割り出すことができます。これによって契約者の住所が分かりましたので、その住所に対し、内容証明郵便を送付しました。しかし、受領はされたものの、全く連絡がありませんでした。その住所が遠方でしたので、念のため、住民票を請求したところ、本人は転居していました。家族が受け取ったのかもしれません。そのため、今度はその新住所に対して、内容証明郵便を送付しましたが、今度は受領すらありませんでした。

実のところ、この段階で、1万円近くの実費がかかっていましたので、実際問題として、ここまでの対応だけでも、店としてはかなりひるむと思います。訴訟となれば、更なる負担も考えられますので、店長にも確認しましたが、姿勢は全く揺るぎませんでした。

その後、実際に裁判を起こし、冒頭の判決に至りますが、相手方は、裁判にも出頭せず、欠席判決となりました。

実はドタキャンの裁判というのは、法律家として興味深い争点がたくさんあります。

一つは、合意の立証です。飲食店の予約は、通常、電話で終わりですから、いつどういった内容の合意をしていたのか証明するのが難しいといえます。ただ、今回のケー

▼損害額の立証

▼消費者契約法

スは、ショートメールで予約確認を行っていたので、あまり問題にはならなかったと思います。

もう一つは、損害額の立証です。前述のように、ドタキャンによる損害額の立証はかなり難しい部分がありますので、損害賠償額の予定をしておくのがベターです。しかしこの金額も、平均的な損害を超える場合、消費者契約法という法律で無効になってしまいます。ドタキャンによる損害がいくらなら相当かというのは、まだはっきりとした裁判例がありませんが、少なくとも、コースならコース料金、席だけの予約であれば平均客単価を超えることはないでしょう。その範囲に収めておくのが無難です。また、数日前のキャンセルについては、貸し切りなどでない限り、そもそもキャンセル料自体を取れるかどうかも、これから議論が必要だと思います。

このように法律的な意味でも、欠席ではなく、裁判所による判断が期待されるところですが、その前提として、お店側がもっと積極的にアクションを起こす必要がありますし、それを手助けする私たち法曹が、もっとアクセスしやすくなる努力が必要でしょう。

判決のあとは、強制執行ですが、日本の法律では、こちら側で相手の財産を探す必要があります。飲食店の予約で、会社名や銀行口座を聞くわけにもいきませんので、裁判までやってだめであれば、それ以上は本当に打つ手なしといえるかもしれません。

冒頭の裁判でも、今後の対応は未定です。

飲食店は、泣き寝入りせず、積極的に声を上げてほしいと思います。また、これに対応して、お客様側も、マナーを守って、キャンセルが分かった段階で速やかに連絡するようにしてほしいと思います。

第五章

―そのほかの落とし穴

1 フランチャイズ契約の難しさ

▼ＪＦＡ
▼契約時の情報開示
▼指導管理

フランチャイズ契約とは

フランチャイズは、本部が持っているブランドやノウハウを加盟店に提供し、加盟店はそれらを用いて、本部の指導を受けながら営業を行っていくというものです。コンビニエンスストアなどで多く見られますが、もちろん居酒屋などの飲食店でも多く導入されており、２０１６年の調査では、日本全国で、１３３５チェーン、総店舗数（直営店と加盟店の合計）は26万３１０９店舗、全ての売上高を合わせると25兆円以上に及びます（一般社団法人日本フランチャイズチェーン協会（ＪＦＡ）の調査による）。

フランチャイズビジネスは、これだけ大規模になっていながら、未だに、トラブルが絶えません。基本的な構図としては、本部は大企業で非常に大きな力を持っている一方で、加盟店は中小企業か個人事業者であるため、契約時の情報開示が正しかったかとか、契約後営業中になされる指導管理が妥当なものかといった問題がよく起こります。１９９０年代後半から、多数の加盟店が訴訟を提起し、フランチャイズビジネスの問題点が社会問題になりました。２０００年代には、公正取引委員会が、フランチャイズビジネスについてのガイドラインを制定したり、セブンイレブンが、加盟店に対して消費期限間近の弁当の値引きを不当に制限したとして、独占禁止法違反で排除命令を出しました。

こうした社会問題化を受け、本部側も、紛争予防のために、契約時の情報提供を徹底したり、支援団体が相談窓口を設けるなど、加盟店側の地位はかなり改善されたように思えますが、いまだに紛争は絶えません。また、私のところにも、今の自分の業態・ブランドをＦＣ展開していきたいという相談がありますが、自分のブランドを広めていきたいというよりも、加盟店からロイヤリティをもらうことで効率的に売上げを増やしたいという目的ばかりに目が行っているように感じます。もちろん、それは間違ったことではありませんが、加盟店を食いつぶすだけの焼き畑的なチェーンになれば、自店のブランド価値も毀損してしまいます。

これらは、フランチャイズビジネスに対する基本的な理解が欠けていることから生じる問題です。本部側も加盟店側も、フランチャイズ契約とはどういう契約なのか、そして、本部側と加盟店側双方のメリット・デメリットをしっかりと整理した上で、契約の内容を精査することで、ある程度の紛争を予防することができるはずです。

そのため、ここでは、本部と加盟店の双方に分けて、注意すべき点を解説していき

▼公正取引委員会

▼ロイヤリティ
▼加盟料

たいと思います。

フランチャイズ契約のメリット・デメリット

まず、加盟店側のメリット・デメリットについて整理してみましょう（最近では、複数のフランチャイズに加盟したり、加盟店として数十店舗を展開するメガフランチャイジーも見られますが、ここでいう加盟店は、主に中小企業や個人事業者などを想定しています。）。加盟店にとって、フランチャイズチェーンに加盟するメリットは何かといえば、当然、本部の構築したブランド、商標、メニューなどの一切のノウハウを使うことができ、営業開始後も、本部の指導を受けながら、当初から安定的に自分の事業を立ち上げることができるという点です。脱サラして独立しようといっても、普通は、まず何から始めればいいか分かりません。どこかのフランチャイズであれば、丸っとパッケージでビジネスの基礎を買うことができるわけです。

デメリットとしては、加盟料や売上げからのロイヤリティなど、金銭的な対価が必要であること、そしてビジネスという意味では、商品やマーケティングなど、本部の厳格な制限を受けるということなどが挙げられます。自店の客層や売上げを分析して、売れそうな商品やメニューを扱ったり、独自のキャンペーンを行おうと思っても、本部の指示によって、導入できない場合があります。そもそも商品の仕入れ先自体が、本部の指定する卸なり本部そのものであることがほとんどです。良くも悪くも、本部が提供するビジネス（いわゆるフランチャイズパッケージ）の枠の中でしか動けないということですね。

他方、本部としては、すでに自分の店や人を持っている独立した事業者が、加盟店としてチェーンに参入してくれますので、低コストで効率よく、自分のチェーン店を増やし、ブランド力を高めることができるというメリットがあります。また、当然ですが、加盟料と共に、売上げから一定のロイヤリティをもらえますから、うまくチェーンが回れば、本部にとって、年貢をもらうように安定的な経営ができることになります。そのため、加盟店とロイヤリティだけもらって、ろくに指導などしないという問題のあるフランチャイズ本部があるのも事実です。

デメリットとしては、しっかりと加盟店をコントロールしないと、かえって自分のブランドに傷がついてしまうという点です。また、自分で営業を行うのと、自分以外(加盟店）に営業を指導するとでは、全く異なるものですから、指導体制やマニュアルなどをしっかりと作っておかないと、多数の加盟店を管理できず、加盟店から、指導義務違反ということで紛争になりえます。もちろん、加盟店募集の際に、全く裏付けのない都合のよい数字を並べ立て、チェーンの中に組み込もうとすれば、場合によって

▼指導義務違反

詐欺にもなりかねません。もちろん、後述のライセンス契約のように、ブランドを使わせることがメインで、あとは加盟店で自由にどうぞ、という契約もありえます。しかし、一般的なフランチャイズ契約は、本部と加盟店の継続的な関係を基礎としていますから、本部はフランチャイズパッケージを売れば終わり、というのではなく、本部としての責任をもって、チェーンビジネスを展開してください。

加盟時の説明と違う（情報提供義務違反）

フランチャイズ契約の代表的な紛争といえば、やはり、当初、本部から説明を受けていた内容と、営業開始後の実際の内容が異なっているというものです。特に多いのは、事前に説明を受けた売上予測が、本当に正しかったのか、合理的な根拠を持つものだったのか、という売上げについての点です。

フランチャイズ本部は、フランチャイズ契約に際して、加盟を希望する者との間で、契約の内容を説明します。その中で、営業資料として、売上げの予測なども開示する場合がありますが、この内容が不正確なことがあるわけです。中には、全く根拠のないバラ色の売上予測を示して勧誘し、指導もろくに行わず、加盟金だけもらえればそれでいいという焼き畑的なチェーンも散見されます。このような詐欺的なものばかり

▼独占禁止法

▼中小小売商業振興法

▼オープンアカウント制度

とはいいませんが、いずれにしても、フランチャイズ本部としては、とにかく加盟店を増やさなければなりませんから、営業上、できるだけポジティブな内容の情報を開示することとなり、それ自体はやむを得ません。重要なのは、あくまで予測は予測だということです。先ほどのように詐欺的な売上予測に基づいて勧誘するのは論外としても、予測を外れたからといって、本部は加盟店を守ってくれません。指導についても、手取り足取り面倒をみてくれるような説明を受ける場合もありますが、当然、加盟店は独立した事業者ですから、本部が口を出せる範囲は限られています。一定期間、最低の売上げを保証してくれる最低保証制度がついた契約になっていることもありますが、その有無や内容も自分の責任で確認する必要があるということです。

　中小小売商業振興法や独占禁止法のガイドラインでは、加盟店募集の際に、本部が加盟店に開示しなければならない事項が定められています。また現在では、ＪＦＡが独自の情報開示基準を定めており、売上・収益予測だけでなく、加盟料や・ロイヤリティ、オープンアカウント制度（加盟店が一度全ての売上げを本部に入金し、仕入れ代金やロイヤリティを引いた残りを加盟店側に戻す制度）、商品の販売条件、経営指導、商標の使用、契約の解除、協議禁止、損失に対する補償の有無など、一定の説明事項を記載した書面を加盟店に交付し、ＪＦＡにも提出する旨を義務付けています。ただ、これらは法律上の義務ではありません。判例上も、フランチャイズ契約にあたっては、加盟店側が的確な判断ができるように、正確な情報を提供すべき義務があると認められていますが、具体的な事項については定めていません。

実務的にも、小規模なチェーンでは、契約書の作成も情報開示も独自に行っていますから、加盟店側も、フェアな契約当事者として、その内容をしっかりと吟味しなければならないと、肝に銘じておきましょう。

契約を解除して独立したら訴えられた

（秘密保持義務・競業避止義務違反）

▼競業避止義務
▼秘密保持義務

次に多いのが、競業避止義務に関する紛争です。

一般的に、フランチャイズ契約では、本部側のノウハウを外に漏らさないために、秘密保持義務と、これを補うものとして、競業避止義務が定められています。秘密保持は、そのまま、フランチャイズ契約で知った秘密を漏らしてはならないというものです。競業避止義務というのは、同じような事業を行わないというものです。例えば、思ったよりも売上げが芳しくないし、ロイヤリティを支払うだけ無駄だということで、加盟店を脱退し、自分で○○商店をやろうという場合、この義務に違反しないか検討しないといけないのです。

もちろん、「一生、同じ県で、同じ小売業をやらない」と定められてしまえば、生活の糧が奪われてしまいますし、職業選択の自由にも反します。一般的に、同一地域で、数年間の営業を禁止するくらいであれば、裁判所も有効と判断しています。ただ、その有効性については、年数や地域などから個別具体的に判断されます。たとえば、あるショッピングモールで、フランチャイズの時計店を営業していた加盟店が、本部から解約されたのち、独自の屋号に変更し、同じショッピングモールで同じ時計店を始めました。フランチャイズ契約には、「本契約終了以降2年間は、自営も含め、同一商業施設で、同一営業をしてはならない」という規定があったため、本部が、元加盟店に対して、営業の差止めを求めましたが、裁判所はこれを認めませんでした。本部が提供したものは、商標の使用権や、仕入れルートくらいであって、目立ったノウハウが提供されたとはいえず、その上、本部側から契約が解除されたという点を踏まえると、本部側のノウハウや商圏を保護する必要がない、というのが理由です。

他方で、違反した場合の違約金についても、平均ロイヤリティの30か月ほどは認められる傾向にあるといわれています。規模にもよりますが、30か月といえばかなりの金額ですから、仮に認められれば、致命的な損害になりかねません。

▼指導義務

▼定期的な巡回指導

▼スーパーバイザー

▼テリトリー権

▼ドミナント戦略

▼契約の解除

▼違約金

そのほかの紛争

上記のほか、指導義務についても、よく問題になります。フランチャイズ契約においては、通常、加盟店が安定的に営業できるように、本店が提供するもの（フランチャイズパッケージ）の中に、定期的な巡回指導が含まれています。コンビニエンスストアなど、大規模チェーンの契約では、スーパーバイザー（SV，店舗指導員）の巡回回数や、指導の方法について詳細に定めていますが、小規模なものでは、「必要に応じて」など、ざっくりとした内容になっていることもありますので、紛争予防のためにも、内容をしっかりと確認しておいた方がよいでしょう。

また、別の加盟店が自店の近くに出店するという、近隣出店（テリトリー権）の問題もよく見られます。大規模チェーンでは、ドミナント戦略（一定地域に集中的に出店し、指導や仕入れなど本部側のコストを下げる）の関係で、商圏内での独占的権利を与えることはほとんどありませんが、小規模であれば検討可能と思われますので、加盟店側としては積極的に交渉すべきでしょう。

契約の解除についても、しっかりと確認しておかなければなりません。本部側は自由に解除できる一方で、加盟店側の解除には違約金（固定で○万円やロイヤリティの○か月分など）が定められていることがほとんどです。力関係の問題で交渉の余地がなかったとしても、いずれフランチャイズ関係を解消する可能性はあるわけですから、その場合のことも見て見ぬふりはせず、どのようなときに解除でき、その場合どうなるのか、確実に目を通しておいてください。

とにかく気を付けなければいけないのは、いくら本部が大企業で、加盟店が個人商店だったとしても、契約上の地位は平等だということです。雇用契約における労働法のように、労働者側を一方的に守ってくれる法律もありません。加盟店は、自分のビジネスとしてフランチャイズに加盟するわけですから、自分の身を自分で守らないといけないのだと肝に銘じて加盟を検討してください。

▼ライセンス契約

フランチャイズとライセンス

フランチャイズ契約に似たものとして、ライセンス契約というものがあります。一般的には、フランチャイズ契約が、ブランドやノウハウの使用許諾だけでなく、商品の供給や指定、定期的な巡回指導などが含まれているのに対し、ライセンス契約は、ライセンサー（ブランドを持っている事業者）からライセンシー（ライセンサーのブランドを使わせてもらう事業者）が、ブランドや商標などを使用する権利を得つつ、具体的な店舗運営はライセンシーが自ら行う点で違いがあるといわれています。

コンビニエンスストアを見れば分かりますが、コンビニエンスストアはどの店も、本店のパッケージを丸っと使える一方で、仕入れから販売、会計まで全てコントロールされています。

他方、例えば、スターバックスやマクドナルドなどは、米国本社からそれぞれのブランドや商標などを使わせてもらっていますが、コンビニエンスストアなどとは異なり、ブランドを損なわない範囲で、商品を日本独自にアレンジしています。仕入れルートも独自で、厳格にコントロールされているわけではありません。また、エリア内（例えば日本国内など）で独占的に営業を行う権利を付与してもらうことも一般的です。そのほか、ライセンシーからさらに別の事業者にライセンスを付与するとサブライセンス権が与えられる場合もあります。

▼独占的に営業を行う権利
▼サブライセンス権

このように、イメージとしては、すでに自分で営業を行っていけるノウハウをもっている事業者が、別のブランドを使用する権利を得て、それをカスタマイズして営業を行っていくというものがライセンス契約です。

マクドナルドやスターバックスのように、海外ブランドを日本に持ってくるときなどで、よく使われる契約です。私もいくつかのブランドを持ってくるお手伝いをしたことがありますが、英米圏の場合、契約の内容が非常に複雑かつ多岐に渡ることが多いですので、間違いなく専門家を入れるべきでしょう。国によって、国際送金に関する独自のルールがある場合もありますし、紛争化した際に、どちらの法律で判断するのか（準拠法）、どこの裁判所で判断するのか（管轄）などは、基本的ですが非常に重要です。

もちろん、ライセンス契約かフランチャイズ契約かは名称の問題であって、どちらだから意味があるというものではありません。重要なのは契約の中身ですから、フランチャイズ同様、契約の内容はしっかりと吟味してください。

2 ハラスメント

▼セクハラ
▼パワハラ

ハラスメントとは

ハラスメントという言葉は、セクハラから始まり、最近ではパワハラ、マタハラまで、かなり一般的になりました。ただ、細かい内容について、詳しく理解している人はあまりいないと思います。ほとんどの場合、「女性が不快に思ったらセクハラ」「上司からの嫌がらせは全てパワハラ」といったくらいの認識かもしれません。これらは、

▼マタハラ
▼モラハラ
▼スメハラ
▼アルハラ

半分正解半分外れです。ハラスメントとは「無理強い」のことを言います。相手が「無理強いされ嫌な気持ちになった」と感じたらその時点でハラスメントではありますが、それだけでは、損害賠償義務など、法的な責任まで負うわけではありません。法的な責任が生じるには、客観的にみてもこれは嫌がらせだな、と思うものでなければいけないのです。もちろん、相手が嫌だと思うことは、道徳的にも職場環境的にも、できるだけ避ける必要があるのはいうまでもありません。

最近では、セクハラ、パワハラに始まり、マタハラ（マタニティハラスメント、妊娠を理由とする嫌がらせ）、モラハラ（モラルハラスメント、精神的な嫌がらせ）、スメハラ（スメルハラスメント、臭いを理由とする嫌がらせ）、アルハラ（アルコールハラスメント、飲酒を理由とする嫌がらせ）などなど、どんどん言葉が増えていますが、いちいち、言葉にとらわれる必要はないでしょう。実態をみて、ある行為が、ある人を傷つけているかという視点が重要といえます。

飲食店は、多数のパートやアルバイトを雇うことで成り立っている職場ですし、女性を含む多数のスタッフが、密閉された狭い店内で、業務をしていますから、ハラスメントを生む土壌が揃っています。業務が多いことも、原因になるでしょう。お店側、経営者側としては、このことを自覚すべきです。

ハラスメントの問題が生じたにもかかわらず、お店側が適切に対応しなかった場合、

▼職場環境調整義務違反

▼①対価型
▼②環境型

お店や経営者は、職場環境に配慮しなかったということで、損害賠償義務が認められることがあります。これを職場環境調整義務違反といいます。雇い主は、従業員が働きやすい職場環境を整えなければいけないということです。正社員がアルバイトに嫌がらせをした、という典型的なケースをみても、お店側は、当事者間の問題と突っぱねるのではなく、そのような結果を生んでしまったお店自身にも責任があることをよく認識し、自覚ある行動が重要です。もちろん、そこまで至らずとも、ハラスメントが起きている時点で、職場の士気や生産性が低下しているのはいうまでもありません。

ここでは、飲食店で特に多いセクハラ、パワハラ、マタハラに絞って、具体的な事例を交え、対策と対応について解説していきます。

セクハラ

ハラスメントといえばセクハラですね。飲食店でも、セクハラの問題は避けて通れません。一般的に、職場内におけるセクハラは、①対価型と②環境型に分かれると言われています。
①対価型というのは、性的な要求に応じないと不利益にするというものです。例えば、性的な関係を断ったら、降格されたり解雇されたというものです。ここまで露骨

なケースはかなり減ったと思いますが、閉鎖的な中小企業では未だに残っています。そして、飲食店というのは、典型的な「閉鎖的な中小企業」といえるでしょう。

②環境型というのは、直接的に不利益な措置を講じるというのではないものの、性的な言動によって、仕事のパフォーマンスに影響を与えるようなものをいいます。例えば、合理的な理由も同意もなく身体に触るとか、従業員に対して頻繁に卑猥な言動を行うなどが挙げられます。こちらは、人によって、嫌かどうかは感じ方が違いますから、昨今でよく問題になるのはこちらかもしれません。

実際に起きたケースでも、洋食店のシェフが、長い間、女性スタッフにいい寄り、最終的には身体的な接触にまで及んだため、訴訟になったというものがありました。女性社員は、シェフがいい寄っていることをお店に伝えていたにもかかわらず、お店側が何もしなかったことを理由に、シェフだけでなく、お店も訴えたのです。最終的には、和解で終わりましたが、お店側も一定の支払いを余儀なくされました。

また、もっとひどいケースでは、居酒屋の店長が、若年の女性アルバイトを暴行し、逮捕されたというケースもあります。これは、あくまで店長の突発的な行為ということで、直接お店への影響はありませんでしたが、店長が逮捕されたことで、多数のアルバイトが退職し、店長とアルバイトの不在で、一時的な休業を余儀なくされました。その後、別の店舗からスタッフを融通して再度開店しましたが、横のつながりがある業界ですから、近隣での評判が悪く、最終的に閉店せざるを得なくなりました。このように、セクハラも一歩間違うと、致命的な問題になりうるのです。

具体的な対策は、お店によっても違いますが、やはり、できる限り、男女1対1（特に人間関係的に慣れていない2人）のシフトは避けるといったオペレーションのレベルでの対応は効果的です。また、飲食店は、閉鎖空間が多いですから、バックヤードなど、特に閉鎖的になりやすいところには監視カメラを設置するとともに、人がいるときには、施錠せず常にオープンにしておく方法もありえるでしょう。

また、予防という意味では、アルバイトやパートも含めて、定期的なアンケートの実施や、相談窓口を設置しておくのもよいと思います。アンケートの収集や相談窓口は、ある程度、独立していなければいけません。直接の上司や、普段接触する人であれば、そもそもいい出せないとか、根回しをされたりすることもあり、実質的な意味がなくなってしまいます。上司が窓口だったら、上司にセクハラされた場合、どうしようもありません。

法的には別として、嫌だと感じたらセクハラです。会社としては、そこまでデリケートな問題として、しっかりと対応を準備してください。

▼①身体的な攻撃
▼②精神的な攻撃
▼③人間関係からの切り離し
▼④過大な要求
▼⑤過小な要求
▼⑥個の侵害

パワハラ

パワハラというのは、セクハラと比べて、比較的最近できた言葉ですが、一気に広まり、最近ではセクハラと同じくらい一般的な言葉になりました。現在、厚生労働省が定めているパワハラの典型例は、①身体的な攻撃（暴行や傷害）、②精神的な攻撃（脅迫や名誉棄損、暴言）、③人間関係からの切り離し（仲間外し、無視）、④過大な要求（業務上明らかに不要なことや遂行不可能なことの強制）、⑤過小な要求（業務上の合理性なく、能力や経験とかけ離れた程度の低い仕事を命じることや仕事を与えないこと）、⑥個の侵害（私的なことに過度に立ち入ること）などとされています。これ以外にも、「公開での叱責」「給料泥棒呼ばわり」「私的な事項に強制的に動員する」など、具体的な行為も指摘されています。

一般的には、①のような身体的な攻撃は明らかに違法ですし、②も分かりやすいですから、証拠が残っていれば違法といえますが、そのほかについては、判断が難しいところがあります。ただ、残念なことに、これらの分かりやすい①や②が多いのが飲食店です。また、慢性的な人手不足のため、④のように、明らかに無理な業務量を処理させられることも多いと思われます。ブラックバイトなどといわれる過剰なシフトなども、これに含まれるでしょう。

最近でも、大阪の焼き肉店で、経営者が、従業員の顔に、ボーガンのようなおもちゃで、つまようじを撃ったということで、逮捕されました。また、仙台のホテルで、料理長から、「お前の触った物を触ると障害がうつる」といった暴言を吐かれた上、「息が合わない」と頬を殴られて鼻血が出たり、蹴られて転倒するなどの暴力を受けたということで、従業員が被害届を提出したという事件もありました。ここまで極端なものではないにしろ、飲食店は、ともすれば、職人の世界というところがあり、荒っぽい言動が目立つことがあります。お恥ずかしい話、私も、飲食店で勤めていたころ、包丁で野菜を切っているときに、正社員から、カトラリーを投げられたことがあります。私がたらたらしていたのも悪いのですが・・・。

いずれにしても、長時間労働と同じで、「飲食店はそういう世界だ」では済まされない時代です。お店として見て見ぬふりをすれば、先ほどのセクハラのように、致命的な問題に至る可能性があります。お店側でも、積極的に対策を講じるようにしましょう。

効果的な方法としては、セクハラと同様に、定期的なアンケートの実施や相談窓口の設置が重要です。パワハラの場合、常日頃から業務を共にする関係において生じますから、セクハラとは違う理由で、いい出しにくいところがあります。したがって、その独立性の徹底など、いい出しやすい環境を作る必要があります。また、意外と効果的なのは、お客様からの情報提供です。暴力や暴言は、日常的に出るものですから、開店中にも何気なく発生します。最近は、店頭のアンケートだけでなく、食べログなど、お客様が意見を発信しやすい環境があります。食べログなどをみても、指示などの言動が乱暴で、険悪な雰囲気だったとか、落ち着いて食事ができなかったなどの書き込みが散見されます。もちろん、それをそのまま鵜呑みにすれば、現場の従業員の反感を買いますから、ヒアリングは慎重にしなければなりませんが、そのような情報を無視してはいけません。お店側としては、貴重なスタッフを失いたくありませんから、なかなかはっきりと指導できなかったり。場合によって、従業員のストライキに負けてしまうという話もあります。ただ、それを許せば、職場内の秩序は維持できませんし、他のスタッフの定着も見込めません。何もいきなり解雇しろといっているわけではありませんから、事実関係をしっかりと把握した上で、よく話し合う機会を持つべきでしょう。

マタハラ

セクハラ、パワハラと比べれば、一般的な知名度は落ちるかもしれませんが、飲食店に置いて、実際問題としてよくあるのが、このマタハラです。マタハラは、マタニティハラスメントの略で、妊娠や出産を理由とする嫌がらせです。当然ながら、マタハラは、妊婦がいなければ成立しませんから、建設業など男性の多い職場では珍しいと思われます。逆に、女性のアルバイトやパートの多い飲食店では、非常に多く見られるといってよいでしょう。

マタハラの代表例は、妊娠をきっかけに退職を促したり、仕事をわざと減らすなどといった行為です。もちろん、まだ妊娠していない女性従業員に対して、お店として妊娠を望んでいないと伝えること、妊娠したことに対して、迷惑だと発言したり、陰口を叩くといったこともマタハラです。共働きも一般的になり、女性の社会進出が進んだ現在では、このマタハラも増加傾向にあるといわれています。

特に気を付けなければならないのは、女性から女性に対してのマタハラです。現在は、世代関係なく、個々人で、結婚や出産の有無がバラバラですから、同じくらいの世代でも、結婚や出産をしている人としていない人がいます。また、セクハラやパワハラと違って、結婚や妊娠に関する女性同士のやり取りには、周囲が口をはさみにくかったり、そもそも、マタハラをしている本人が、あまり自覚のない場合も少なくありません。現に、ある統計では、誰からマタハラをされたかという質問に対し、男女でそこまで大きな差はありません。職場の同僚や部下に至っては、男性が5・4％に対し、女性は9・5％で、女性からの嫌がらせの方が倍近くに及んでいます。これは、妊娠や結婚による退社、産休に対し、現役である同僚や部下の女性から、陰口を叩かれたり、退社を促されたりといったものに起因するといわれています。

時代的なものや、体調の個人差によって、つい、なぜあの人だけ特別なのか、私が大丈夫なのだからあの人も大丈夫だ、といった考え方になることがあるようです。当然ですが、現在では、産休や育休などは法律上認められた権利ですから、退社するにしろ、勤務を継続するにしろ、女性は自分の権利をしっかりと主張できますし、それに対して不当な取り扱いをされることはありません。重要なのは、お店として、会社として、そのことをしっかりと周知徹底しておくことです。うちにはこういう制度があって、こういう例があるということを、しっかり伝えておけば、従業員間の不公平さは生じなくなります。そして、それを産休規定やマニュアルという形に落とし込んでおけば、さらに差別的な取り扱いを防ぐことができるでしょう。

私が実際に対応したケースでも、ある飲食店で、パートさんが妊娠したため、シフトを減らしていいよと伝えたところ、「シフトを減らされた。マタハラだ。」と主張してきたというものがあります。そのパートさんは入社から日が浅く、ようやく慣れてきた矢先の妊娠でしたので、お店側としては、無理はさせられないが、できれば頑張って働いてほしいという気持ちであったため、まさに青天の霹靂でした。しかも、この従業員は、労働組合に駆け込んだものですから、お店側としても、非常に深刻な問題になってしまいました。団体交渉の末、最終的には和解ができましたが、お店側としては、良かれと思って発した言葉によって、金銭だけでなく、貴重な人手まで失うことになってしまったのです。

男性は、女性の体調のことはなかなか分からないものですし、女性は女性で、同じ女性であるだけに、個人差に対して不寛容になりがちです。この意味でも、お店側として重要なのは、どのような行為がマタハラになるのか、そして、妊娠した場合、お店として利用できる制度はなんなのか、について、出産規定やマニュアルなど、客観的な形で周知徹底することです。もちろん、セクハラ・パワハラ同様に、窓口を設けておくことも重要です。実際に、先ほどの団体交渉を起こされたケースでも、その後、従業員が妊娠した場合には、利用できる制度などを簡潔に記した一枚紙を手渡すことにしました。これにより、その後、妊娠出産に関するトラブルはなくなっています。

加えて、妊娠や出産を援助する仕組みを作っておけば、妊娠・出産しやすいお店（マタニティ・フレンドリー）として、アルバイト・パートの募集にも良い影響を与えるはずです。

これから更なる人手不足の時代を迎え、マタハラについても、お店としてしっかりと対応策を考えていきましょう。

▼マタニティ・フレンドリー

3 営業・販促に潜む危険

口コミサイトの使い方

インターネットの情報サイトというのは、もはや、飲食店の集客に欠かすことはできません。その中でも、お客様の意見が投稿される口コミサイトや、掲示板などでは、風評被害に関するトラブルが絶えません。平成28年5月にも、食べログ上で、否定的な書き込みがなされた飲食店が、食べログに対し、自分のページ全体の削除を求めた裁判で、最高裁判所が、お店側の上告を認めず、お店側敗訴の判決が確定しました。最近は、ぐるなびなどの飲食ポータルサイトを使って、地域やジャンルから候補を絞った後、その候補の名前で検索し、食べログなどの口コミサイトで評判をみてから、最終的に予約を決めるという探し方が増えています。したがって、否定的な書き込みがなされると、お店としても死活問題になるといってよいでしょう。

食べログなどの口コミサイトや、インターネット上の掲示板の書き込みを削除するには、一定の流れがありますので、まずはそれを整理してみましょう。

▼口コミガイドライン

口コミサイトに限らず、大きな飲食店情報サイトでは、だいたい口コミの場所がありますが、それぞれに、投稿や利用についての規約が定められています。書き込む側も、掲載されている店舗側も、その規約にしたがって、情報を投稿します。例えば、食べログでも、「口コミガイドライン」が定められていて、「お店へ悪影響を及ぼすかつ内容の確認が困難な事象についての投稿はご遠慮ください」とか、「個人への誹謗中傷、店舗への断定的批判、及び不適切な表現は禁止します」といった禁止事項が定められています。お店への誹謗中傷や、事実ではない書き込みがあった場合には、これに照らし合わせて、不適切なものかどうか確認してみてください。これらの利用規約は、基本的に誰でも見ることができます。

最終的に削除するかどうかは、サイト側の判断になりますが、一般的にいえば、評価に関するものは削除せず、事実に関してのものは削除する、という考え方になっています。「まずい」「塩辛い」「量が少ない」など、純粋に評価に関するものは、一般消費者である投稿者の意見ということで尊重するものの、「詐欺」「ぼったくり」「早くつぶれてほしい」など、単なる誹謗中傷は不適切ということです。「会計の値段が違った」「ここの刺身でおなかを壊した」といったお店とのトラブルの内容も遠慮するように書かれています。

▼誹謗中傷

実際に、私が相談を受けた事件でも、お店側が、事実と異なる投稿ということで、

▼事実誤認

▼プロバイダ責任制限法

口コミサイトにクレームをつけたところ、評価については削除できないが、事実誤認の可能性があるということで、その投稿は公開停止になりました。

逆にいえば、純粋に評価に関することは、原則として、口コミサイトは削除しません。「まずい」という書き込みに対して、「まずいわけがない」と反論しても、意味がないということです。お店としても、ネガティブな評価は避けたいですし、納得もできないでしょうが、その場合は、現在のメニューやサービスでは納得できない人もいたということを、謙虚に受け止めて、もっとよい評価をもらえるよう、前向きに対応してもらうことを勧めています。もちろん、誹謗中傷や事実誤認には毅然と対応しなければなりません。

口コミサイトや掲示板などが削除に応じない場合には、法的手続を取ることになります。平成14年に、プロバイダ責任制限法という法律が制定され、書き込みを受けた人が、書き込みをした人の情報を特定することができるようになりました。詳細は割愛しますが、基本的には、①サイトや掲示板に対して、直接、情報の開示を求めたり、仮処分という裁判手続を利用して、投稿者のアクセス情報（IPアドレス等）を開示させる、②アクセス情報に基づいて、投稿者が利用しているプロバイダを特定する、③プロバイダに対して、契約者（投稿者）の個人情報を開示させる裁判を起こす、という流れですが、スピード感も必要ですので、本当に削除したい場合には、必ず専門家に相談してください。

違法な書き込みの場合は、以上の手続で、最終的には削除してもらうことができますが、先ほど挙げた最高裁の事件などはもっと微妙な問題がありました。つまり、店舗側は、書き込みの削除だけでなく、店舗情報そのものの削除を求めたのです。大阪で、隠れ家を売りにしたバーが、お店の情報の削除を求めたのと似ていますが、裁判所の判断は一貫して、店舗情報については、表現行為を制限するものということで、認めていません。実務的にも、店舗情報の削除は難しいとされています。ですので、削除の要請をするのであれば、名誉棄損なり業務妨害になるような記載そのもの（投稿）の削除を求めることになります。

いずれにしろ、口コミの削除はかなり難しい問題がありますので、謙虚に受け入れるか、どうしても納得できない場合は、専門家に相談するかのどちらかになるでしょう。

クーポントラブル

少し法律から離れますが、最近は、様々な割引サービスが入り乱れています。紹介やポイントなど自社サービス、飲食ポータルサイトでのクーポン、共同購入サイトでのクーポン、大手ポイントカードでのポイント付与や割引など、お店自身もどこで発行しているのか、どのようなサービスなのか分からなくなってしまうようです。私も、クーポンを使うことがありますが、従業員が仕組みを理解しておらず、「確認します」といったきりしばらくバックヤードから戻ってこない、ということも珍しくありません。

クーポンを巡るトラブルとしてよくあるのは、お店が、たくさんあるクーポンの内容を把握していないというものです。もちろん、社員は把握していますし、調べればすぐに分かるのですが、飲食店は従業員をたくさん雇いますから、個々の従業員となると、いまいち把握してない場合も散見されます。そうなると、使えるかどうか、何に使えるのかなど、お客様がすぐに教えてもらえないということがあります。入店時の提示など、使用の条件もありますが、お客様はクーポンの使用条件まで細かく見ていないことも多いですから、あとでトラブルにならないように、そのような使用条件のあるクーポンを導入している店舗では、事前にクーポンの有無などを聞いておくオペレーションにしておいた方がよいと思います。

また、クーポンを使用すると伝えたとたん、サービスや対応が悪くなるというケースもあるようです。クーポン用のメニューを、通常のメニューよりもかなり目減りさせて、価格相応にしてしまうというのも、不満のもとです。半額クーポンで量も半分になっていたら、確かにクーポンとはいえませんよね。

共同購入サイトでもトラブルが多発しました。そもそも、元となる商品がないにもかかわらず、「クーポンで半額〇円」と販売していたのです。これは、二重価格ということで、消費者庁から改善の措置命令が出ることになってしまいました。お店側で、販売・対応できない量のクーポンを発行したり、期限切れのものや偽造されたものが使用されたこともあります。

クーポンは、使い勝手がいいですが、あまりサービスを導入し過ぎても、お店もお客様も混乱してしまいます。効果的なものやシンプルなものに絞って、使ってみることをお勧めします。

客引きの取り締まり強化

飲食店の古典的な営業といえば、ビラまきや、店頭での客引きです。インターネット全盛の今でも、少人数だと、当てもなく繁華街を歩くことはありますし、二次会、三次会の店を決めておらず、すぐに入れる店を探しているお客様などには、路上での客引きは効果的です。

しかし、ここ数年で、この客引きに対する取り締まりが非常に厳しくなっています。

もともと、客引きによるしつこい付きまとい行為は、都道府県の迷惑行為防止条例によって、禁止されていました。例えば、東京都であれば、「・・・進路に立ちふさがり、身辺につきまとう等執拗に客引きをすること」といった具合に定められています。この規定だけでは、どのようにしたら付きまといなのかよくわかりませんから、摘発に当たっては、どうしても警察の裁量が出てくることになります。この基準が、ここ数年、特に東京オリンピックを意識してか、厳しくなっているのです。以前なら、○メートル声掛けをしても摘発されなかったが、最近は、その距離が短くなり、○メートルで摘発されるようになっているということです。

摘発は、一般客を装った警察官によって行われます。お店を探しているような素振りの警察官に対し、客引きの従業員が声をかけ、しつこく付きまとってきたところで警察と名乗り、その場で現行犯逮捕します。また、客引きはだいたい同じ繁華街の中で客引きを行っていますから、最近では、現行犯ではなく、警察の方で事前にマークしておいて、あとから、逮捕状を取得し、一斉に10名以上逮捕するというパターンもあります。

私自身、複数件、同様のケースを弁護したことがありますが、1、2日で釈放できたこともある一方で、10日間勾留されたこともあります。不起訴になったこともあれば、罰金を取られたこともあります。従業員個人を守るという意味では、そのお店を

▼家宅捜索
▼風営法違反
▼ポスティング
▼住居侵入

退職させ、家族に身元を引き受けさせるなどして、早期の釈放や不起訴を目指していきます。

また、条例には、従業員が付きまとい行為をした場合、その法人や使用者も罰するという定めが置かれています。したがって、従業員が検挙されると、同時に、お店に対しても家宅捜索が入り、場合によって、お店が罰金を取られることにもなりかねません。また、風営法に違反した場合は、営業停止になったり、営業許可そのものを取り消されることがあります。

さらに、ここ数年は、東京都の新宿区を始めとして、神奈川県の川崎市、千葉県の船橋市など、繁華街のある自治体は、都道府県の条例とは別に、自身で、客引き自体を取り締まる条例を制定しています。付きまとったかどうか関係なく、客引き自体を禁止しているわけです。新宿区の条例では、客引きを行った店舗について、不動産業者が、賃貸借契約の解除や店の明け渡しを求めたり、違反した店舗名を公表できるとした厳しい定めが置かれています。

なお、ポスティングについてもよくご相談がありますが、基本的に、家やマンションの管理者の同意なく立ち入れば、庭や共用部分であっても、住居侵入になります。広告について、あまりはっきりと拒否しているところはそう多くありませんので、っそういった場合、拒否の意思が明確でないため、住居侵入とまではいえません。仮にあっても、ビラのためにわざわざ被害届を出す人がいないのも実情です。しかし、最近では、「チラシ・ビラお断り」と、郵便受けにはっきりと書いてあるご自宅もありますし、あまりしつこく行うと、捜査機関にも目を付けられますから、ポスティングについては、同意・不同意を確認して行うようにしましょう。

HACCP《ハサップ》の考え方に基づく

衛生管理のための手引書

（小規模な一般飲食店事業者向け）

概要版

平成29年9月

公益社団法人日本食品衛生協会

HACCPの考え方に基づく衛生管理のための手引書
（小規模な一般飲食店事業者※向け）概要版

実施すること

1．衛生管理計画の策定
2．計画に基づく実施
3．確認・記録

1．衛生管理計画の策定

➢ 一般的衛生管理のポイント

① 原材料の受入の確認 ② 冷蔵・冷凍庫の温度の確認	➡	原材料の取扱い	（P2）
③－１ 交差汚染・二次汚染の防止 ③－２ 器具等の洗浄・消毒・殺菌 ③－３ トイレの洗浄・消毒	➡	施設・店舗の清潔維持	（P3）
④－１ 従業員の健康管理・衛生的作業着の着用など ④－２ 衛生的な手洗いの実施	➡	調理従事者の衛生・健康	（P3）

➢ 重要管理のポイント

調理方法に応じ、メニューを３つのグループに分類し、それぞれのチェック方法を決めます。 ➡ （P4）

- 冷たいまま提供
- 加熱して温かいまま提供
- 加熱後冷まして提供　さらに再加熱して提供

2．計画に基づく実施

１で決めた計画に従って、日々の衛生管理を確実に行っていきます。実施する手順は手順書を参考にしてください。 ➡ （P8～）

3．確認・記録

１日の最後に実施の結果を記録しましょう。また、問題があった場合にはその内容や対処を記録用紙に書き留めておきましょう。また、定期的（１か月など）に記録を振り返り、同じような問題が発生している場合には対応を検討しましょう。 ➡ （P8～）

※「小規模な一般飲食店」とは、従業員が数名程度の飲食店で、注文に応じてその場で調理し、提供する事業者のことです（日本標準産業分類より）。

1. 衛生管理計画を作成しよう（衛生管理計画の策定）

計画１：一般的衛生管理のポイント

日頃から調理場で行っていることを次の①～④-2 のポイントに照らし合わせながら、いつ・どのように行うのか計画を立て、別紙１（P16）に記載してみましょう。

計画を立てるヒント

「いつ」とは？：いつ実施するかを決めておきます。振り返ったときに問題がなかったことがわかるようにします。

「どのように」とは？：どのような方法で実施するかを決めておきます。だれが行っても同じように実施できるようにします。

「問題があったとき」とは？：普段とは異なることが発生した場合に、対処する方法を決めておきます。

① 原材料の受入の確認　P12

原材料は適切な状態で納品される必要があります。

一般的衛生管理のポイント			
①	原材料の受入の確認	いつ	原材料の納入時・その他（　　　　　）
		どのように	外観、におい、包装の状態、表示（期限、保存方法）を確認する
		問題があったとき	返品し、交換する

② 冷蔵・冷凍庫の温度の確認　P12

原材料や仕込み材料などが適切に温度管理できている必要があります。

②	庫内温度の確認（冷蔵庫・冷凍庫）	いつ	始業前・作業中・業務終了後・その他（　　　　）
		どのように	温度計で庫内温度を確認する（冷蔵：10℃以下、冷凍：－15℃以下）
		問題があったとき	異常の原因を確認、設定温度の再調整／故障の場合修理を依頼 食材の状態に応じて使用しない又は加熱して提供

③-1 交差汚染・二次汚染の防止 P13
　-2 器具等の洗浄・消毒・殺菌 P13
　-3 トイレの洗浄・消毒 P14

器具や施設を介して食材や提供する料理を汚染させないようにする必要があります。

③-1	交差汚染・二次汚染の防止	いつ	始業前・作業中・業務終了後・その他（　　　　）
		どのように	冷蔵庫内の保管の状態を確認する まな板、包丁などの器具は、用途別に使い分け、扱った都度、十分に洗浄し、消毒する
		問題があったとき	生肉等による汚染があった場合は加熱して提供又は使用しない 使用時に、まな板や包丁などに汚れが残っていた場合は、洗剤で再度洗浄し、消毒する
③-2	器具等の洗浄・消毒・殺菌	いつ	始業前・使用後・業務終了後・その他（　　　　）
		どのように	使用の都度、まな板、包丁、ボウル等の器具類を洗浄し、または、すすぎを行い、消毒する
		問題があったとき	使用時に汚れや洗剤などが残っていた場合は、洗剤で再度洗浄、または、すすぎを行い、消毒する
③-3	トイレの洗浄・消毒	いつ	始業前・作業中・業務終了後・その他（　　　　）
		どのように	トイレの洗浄・消毒を行う 特に、便座、水洗レバー、手すり、ドアノブ等は入念に消毒する
		問題があったとき	業務中にトイレが汚れていた場合は、洗剤で再度洗浄し、消毒する

④-1 従業員の健康管理・衛生的作業着の着用など P14
　-2 衛生的な手洗いの実施 P15

人を介して食材や提供する料理を汚染させないようにする必要があります。

④-1	従業員の健康管理 等	いつ	始業前・作業中・その他（　　　　）
		どのように	従業員の体調、手の傷の有無、着衣等の確認を行う
		問題があったとき	消化器症状がある場合は調理作業に従事させない 手に傷がある場合には、絆創膏をつけた上から手袋を着用させる 汚れた作業着は交換させる
④-2	手洗いの実施	いつ	トイレの後、調理施設に入る前、盛り付けの前、作業内容変更時、生肉や生魚などを扱った後、金銭をさわった後、清掃を行った後 ・その他（　　　　）
		どのように	衛生的な手洗いを行う
		問題があったとき	作業中に従業員が必要なタイミングで手を洗っていないことを確認した場合には、すぐに手洗いを行わせる

ポイント
ノロウイルス食中毒の約8割の原因は調理従事者に由来します。

計画２：重要管理のポイント

（1）危険温度帯に注意！！

調理の過程で、食中毒を引き起こす有害な微生物が増殖しやすい温度帯があります。

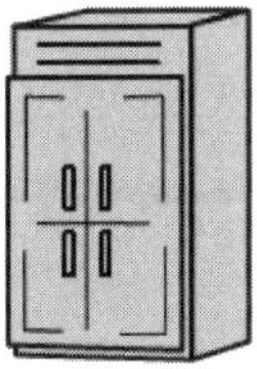

■第１グループ【加熱しない料理】

加熱調理工程がないため、食材に付着している有害な微生物を殺菌することができません。

そのため、有害な微生物に汚染されていない食材を使用するか、万が一、付着した有害な微生物が増殖しないように冷蔵庫（低温）で保管することが重要です。

■第２グループ【加熱して提供する料理】

鶏肉などの食肉は有害な微生物に汚染されている可能性があるので、十分な加熱を行うようにしましょう。

食肉などに存在している多くの有害な微生物は、75℃で１分間以上の加熱で死滅します。そのため、中心部まで火を通すことが重要とされています。

また、加熱調理後、盛り付け時など手指や調理器具（皿なども含む）を介して食品を汚染させないように注意しましょう。

■第３グループ【加熱調理後冷却し再加熱、または、加熱後冷却する料理】

加熱調理したものを長時間室温においておくと、加熱しても食品に残っていたり、加熱後に付着した有害な微生物などが増えてしまい、食中毒の原因となります。

加熱後、保管する場合には、60℃以上で保管するか、危険温度帯（10～60℃）に長く留まらないように、素早く冷却することが重要です。

食品を10〜60℃の温度帯（危険温度帯）においたままにすると、食品中の細菌がぐんぐん増えてしまいます。

調理中の危険温度帯に着目してチェック方法を定めます。

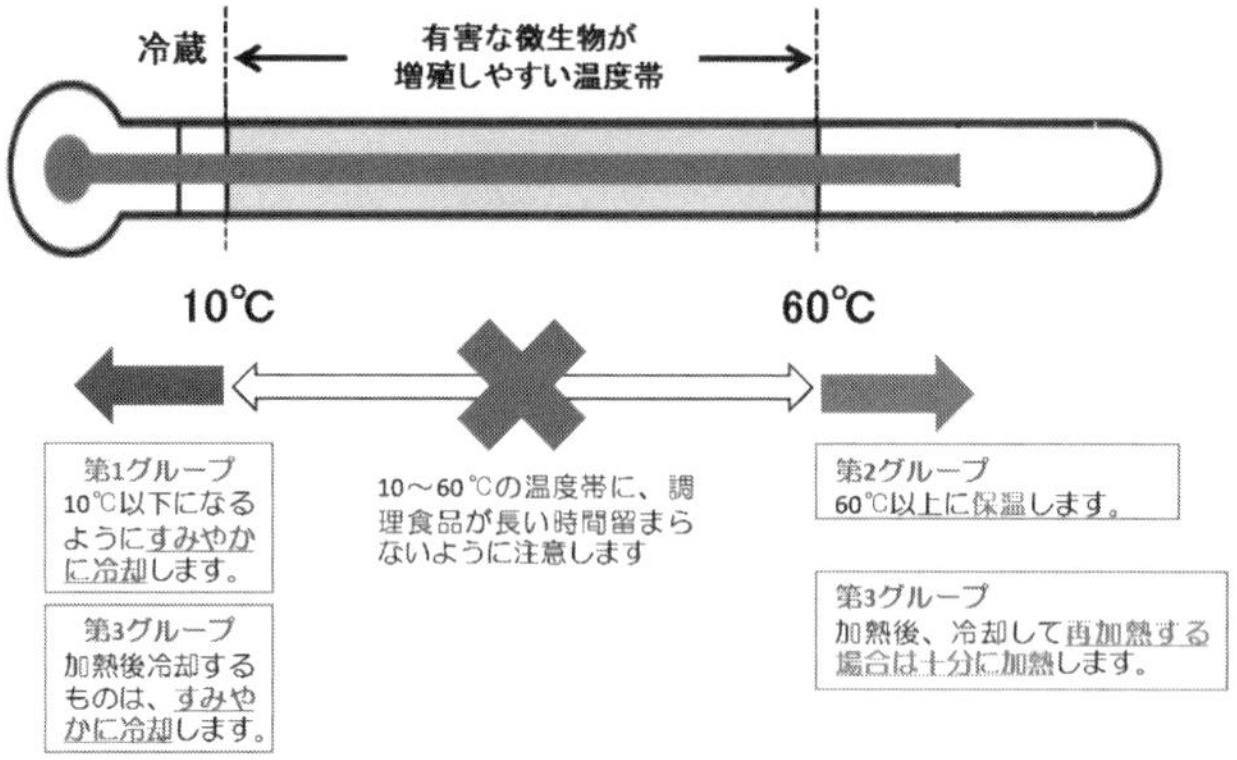

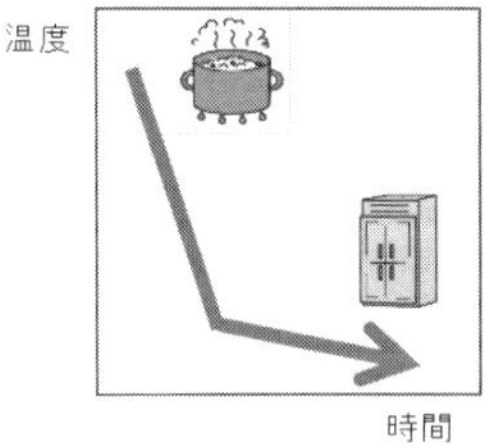

冷却のポイント

米国では2時間以内に21℃以下に、さらに4時間以内に5℃以下に冷却することとされています。

また、国内の給食施設では、30分以内に20℃以下に、1時間以内に10℃以下に冷却するよう工夫することとされています。

加熱のポイント

生肉や内臓に存在している可能性のある腸管出血性大腸菌、カンピロバクター、サルモネラ属菌などによる食中毒を防ぐには、75℃1分以上で中心まで十分に加熱しましょう。

（2）調理方法により３つのグループに分類しよう！

調理中の加熱、冷却、保存などの温度帯に着目して、メニューを３つのグループに分類しましょう。分類したら、それぞれのチェック方法を決め、別紙１（P17）に記入してみましょう。

第1グループ

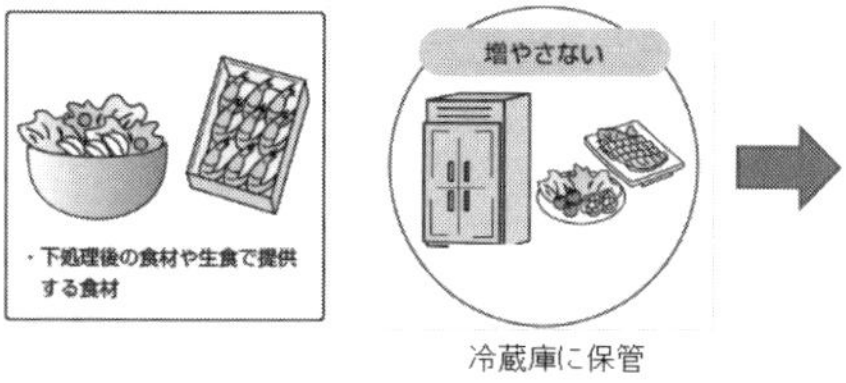

冷たいまま提供

第2グループ

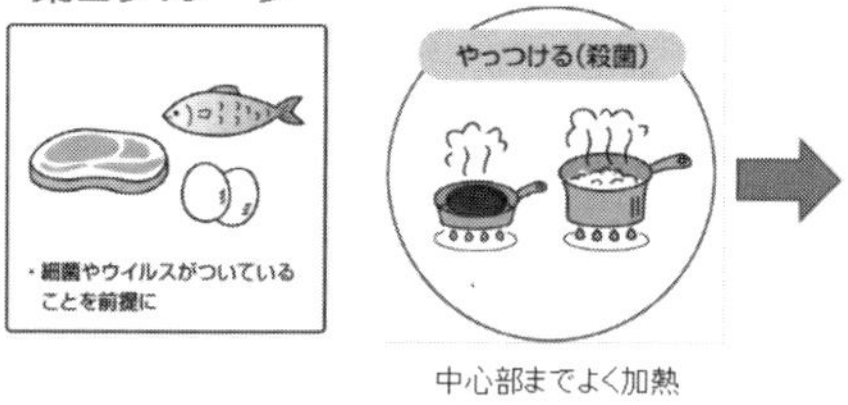

温かいまま提供

第3グループ

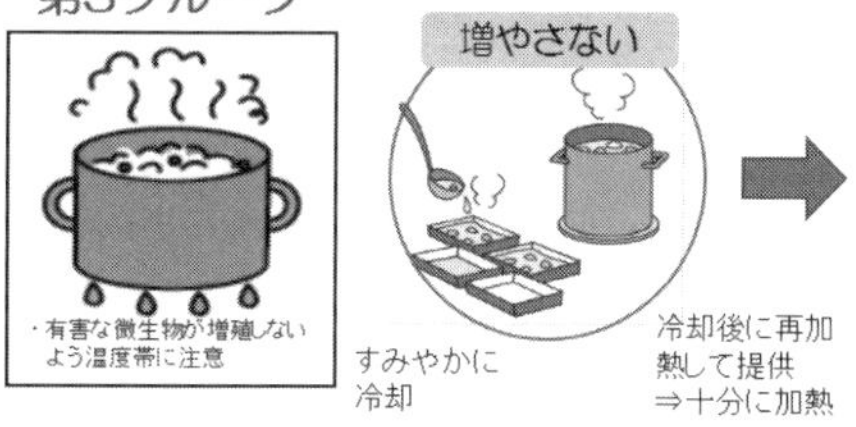

・加熱後冷却し、再加熱したもの
温かいまま提供
・加熱後冷却し、冷たいまま提供

参考：料理のチェック
メニューを分類しチェック方法を決め、チェックしましょう。

分類	メニュー	チェック方法
非加熱のもの（冷蔵食品を冷たいまま提供）	刺身、冷奴	冷蔵庫より取り出したらすぐに提供する、冷蔵庫の温度等
加熱するもの（冷蔵食品を加熱し、熱いまま提供）	ハンバーグ 焼き魚 焼き鳥 唐揚げ	火の強さや時間、肉汁、見た目、中心部の温度等 魚の大きさ、火の強さや時間、焼き上がりの弾力、見た目、中心部の温度等 火の強さや時間、見た目、中心部の温度等 油の温度、揚げる時間、油にいれるチキンの数量、見た目、中心部の温度等
（加熱した後、高温保管）	唐揚げ	触感、見た目、高温保管庫の温度等
加熱後冷却し、再加熱するもの	カレー、スープ、ソース、たれ	加熱後速やかに冷却、再加熱時には気泡、見た目、温度等
（加熱後冷却するもの）	ポテトサラダ	加熱後速やかに冷却する 冷蔵庫より取り出したらすぐに提供する、冷蔵庫の温度等

記載例

お店のメニューを分類してみましょう

調理方法を振り返り、できあがりのチェック方法を書き出しましょう

⑤ 重要管理のポイント

	分類	メニュー	チェック方法
第1グループ	非加熱のもの（冷蔵品を冷たいまま提供）	刺身、冷奴	冷蔵庫より取り出したらすぐに提供する
第2グループ	加熱するもの（冷蔵品を加熱し、熱いまま提供）	ハンバーグ	火の強さや時間、肉汁、見た目で判断する
		焼き魚	魚の大きさ、火の強さや時間、焼き上がりの触感（弾力）、見た目で判断する
		焼き鳥	火の強さや時間、見た目で判断する
		唐揚げ	油の温度、揚げる時間、油にいれるチキンの数量、見た目で判断する
	（加熱した後、高温保管）	唐揚げライス	触感、見た目で判断する
第3グループ	加熱後冷却し、再加熱するもの	カレー スープ	速やかに冷却、再加熱時には気泡、見た目で判断する
	（加熱後、冷却するもの）	ポテトサラダ	速やかに冷却、冷蔵庫より取り出したらすぐに提供する

作成者サイン　食協　太郎	作成した日　○○○○　年　■■　月　△△　日

計画内容を作成・確認した人のサインや日付もあわせて記入します。

ポイント
十分に加熱されたときの火の強さや時間、見た目（形状・色）、中心部の色などを確認しておき、日々の調理の中では、見た目などによって加熱が十分であることを確認しましょう。

第１グループと第３グループを混ぜて冷却するときは、第３グループの食材がすみやかに冷却された後に混ぜるようにしましょう。

また、第３グループと第３グループを混ぜて保管するときは、最初の加熱が終わってからすみやかに冷却し、混ぜた後もすみやかに冷却しましょう。

2．計画にあわせて実践してみましょう（計画に基づく実施）

1 で決めた計画に従って、実施記録を日誌のようにつけ、日々の衛生管理を確実に行っていきます。詳細は P12 からの手順書を参照ください。

3．実施したことを確認して、記録しましょう（確認・記録）

1日の最後に実施の結果を別紙2（P18、19）に記録しましょう。また、問題があった場合にはその内容を記録用紙に書き留めておきましょう。

（1）一般的衛生管理

（計画）

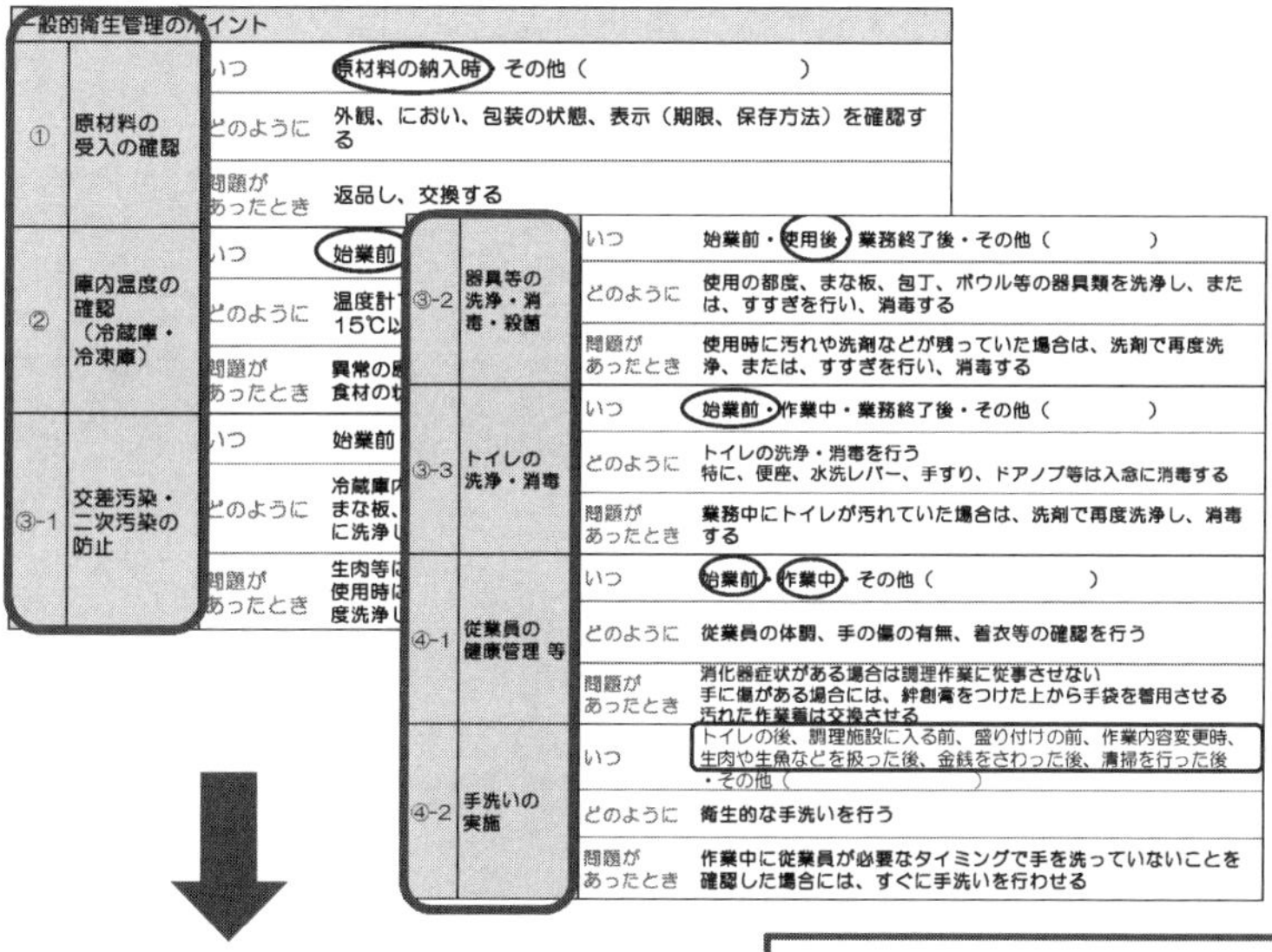

計画を立てた項目が実施記録の分類に当たります。

（実施記録）

20xx 年　4 月　　一般的衛生管理の実施記録（記載例）

分類	① 原材料の受入の確認	② 庫内温度の確認 冷蔵庫・冷凍庫（℃）	③－1 交差汚染・二次汚染の防止	③－2 器具等の洗浄・消毒・殺菌	③－3 トイレの洗浄・消毒	④－1 従業員の健康管理等	④－2 手洗いの実施	日々チェック	特記事項	確認者
1日	良・否	4、-16	良・否	良・否	良・否	良・否	良・否	[illegible]	4/1朝 小麦粉の包装が1袋破れていたので返品。手配、再納品	

一般的衛生管理の項目を日々確認して記録しましょう。

㋐　できていれば「良」、十分でない場合は「否」に○を付けます。
㋑　日ごとにチェックした人は「日々チェック」欄にサインしましょう。
㋒　否に○をした場合は、その後の対処方法を特記事項にメモしておきましょう。
㋓　実施状況を日々チェックした方とは別の方（店主など）が週に 1 度程度確認し、「確認者」欄にサインしましょう。

20xx 年 4 月

一般的衛生管理の実施記録（記載例）

分類	① 原材料の受入の確認	② 庫内温度の	③－1 交差汚染・二次汚染の防止	③－2 器具等の洗浄・消毒・殺菌	③－3 トイレの洗浄・消毒	④－1 従業員の健康管理等	④－2 手洗いの実施	日々チェック	特記事項	確認者
1日	良・(否)	4. －16	(良)・否	(良)・否	(良)・否	(良)・否	(良)・否	花子	麦粉の包装が1袋破れていたので返品。午後、再納品	
2日	(良)・否	9. －23	(良)・否	(良)・否	(良)・否	(良)・否	良・(否)	花子	4/2昼前、A君がトイレの後に手を洗わず作業に戻ったので、注意し手洗いさせた	
3日	(良)・否	15. －23 →再10℃	(良)・否	(良)・否	(良)・否	(良)・否	(良)・否	花子	4/3 11時頃、15℃。20分後OK。いつもより出し入れ頻繁だったか。	
4日	(良)・否	6. －22	(良)・否	(良)・否	(良)・否	(良)・否	(良)・否	花子		
5日	(良)・否	8. －16	(良)・否	良・(否)	(良)・否	(良)・否	(良)・否	花子	4/5 調理の時にまな板に汚れが残っていたので再洗浄。A君の洗浄に問題? 注意	
6日	(良)・否	9. －21	(良)・否	(良)・否	(良)・✔否	(良)・否	(良)・否	花子	4/6 13時過ぎ、C君からトイレが汚れているとの連絡があったので、清掃し洗剤で洗浄し、消毒 ノロウイルス処理キットがないので、念のため購入してください。 4/7 注文済み 太郎	
7日	(良)・否	5. －16	(良)・否	(良)・否	(良)・否	(良)・否	(良)・否	花子		4/7 太郎

確認時以外に問題が発生した場合は✔印などを付け、特記事項に対処内容を記載しておきましょう。

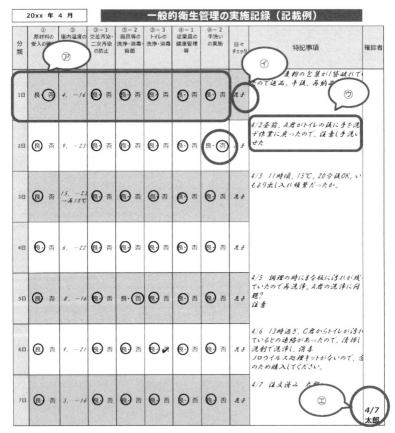

(2) 重要管理のポイント

(計画)

⑤ 重要管理のポイント

	分類	メニュー	チェック方法
第1グループ	非加熱のもの（冷蔵品を冷たいまま提供）	刺身、冷奴	冷蔵庫より取り出したらすぐに提供する
第2グループ	加熱するもの（冷蔵品を加熱し、熱いまま提供）	ハンバーグ	火の強さや時間、肉汁、見た目で判断する
		焼き魚	魚の大きさ、火の強さや時間、焼き上がりの触感（弾力）、見た目で判断する
		焼き鳥	火の強さや時間、見た目で判断する
		唐揚げ	油の温度、揚げる時間、油にいれるチキンの数量、見た目で判断する
	（加熱した後、高温保管）	唐揚げ ライス	触感、見た目で判断する
第3グループ	加熱後冷却し、再加熱するもの	カレー スープ	速やかに冷却、再加熱時には気泡、見た目で判断する
	（加熱後、冷却するもの）	ポテトサラダ	速やかに冷却、冷蔵庫より取り出したらすぐに提供する

作成者サイン　食協　太郎	作成した日　○○○○　年　■■　月　△△　日

(実施記録)

分類したメニューをグループごとに並べます。

20xx 年　　4 月

重要管理の実施記録（記載例）

分類	非加熱のもの（冷蔵品を冷たいまま提供）	加熱するもの（冷蔵品を加熱し、熱いまま提供）	（加熱した後、高温保管）	加熱後冷却し、再加熱するもの	（加熱後、冷却するもの）	日々チェック	特記事項
メニュー	刺身、冷奴	ハンバーグ、焼き魚、焼き鳥、唐揚げ	唐揚げ、ライス	カレー、スープ	ポテトサラダ		

重要管理の実施記録をメニューごとに確認して記録しましょう。

㋐ できていれば「良」、十分でない場合は「否」に○を付けます。
㋑ 日ごとにチェックした人は「日々チェック」欄にサインしましょう。
㋒ 否に○をした場合は、その後の対処方法を特記事項にメモしておきましょう。
㋓ 実施状況を日々チェックした方とは別の方（店主など）が週に１度程度確認し、「確認者」欄にサインしましょう。

20xx 年　　4 月

重要管理の実施記録（記載例）

分類	非加熱のもの（冷蔵品を冷たいまま提供）	加熱するもの（冷蔵品を加熱し、熱いまま提供）	（加熱した後、高温保管）	加熱後冷却し、再加熱するもの	（加熱後、冷却するもの）	日々チェック	特記事項	確認者
メニュー	刺身、冷奴 ㋐	ハンバーグ、焼き魚、焼き鳥、唐揚げ	唐揚げ、ライス	カレー、スープ	ポテトサラダ	㋑	㋒	
1日	(良) 否	良・(否)	(良) 否	(良) 否	(良) 否	花子	4/1 ハンバーグの内部が赤いとクレームがあった。調理したB君に確認したところ、急いでいたので確認が十分でなかったとのことであった。B君に加熱の徹底と確認を再教育した。	
2日	(良) 否	否	(良) 否	(良) 否	(良) 否	花子		
3日	(良) 否							
4日	(良) 否	(良) 否	(良) 否	(良) 否	(良) 否	花子		
5日	(良) 否	(良) 否	(良) 否	(良) 否	(良) 否	花子		
6日	(良) 否	(良) 否	(良) 否	(良) 否	(良) 否	花子		
7日	(良) 否	(良) 否	(良) 否	(良) 否	(良) 否	花子	㋓	4/7 太郎

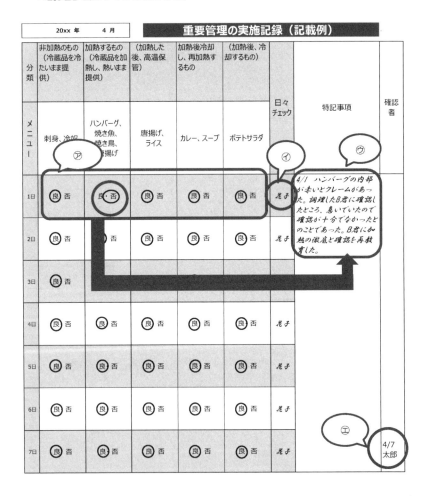

手順書

1．原材料の受入の確認

（1）原料が到着したら、商品、数量など、注文したものと納品されたものが合っているかどうかを確認します。

（2）さらに、外観、におい、包装の状態、表示（期限、保存方法）などを確認します。

（3）可能であれば、冷蔵・冷凍品の温度を確認します。なお、冷蔵・冷凍品は、室温におかれる時間をできるだけ短くします。

（4）なんらかの問題があったときは、決めた方法に従い、返品するなどしましょう。

（5）これらを日誌に記録しましょう。

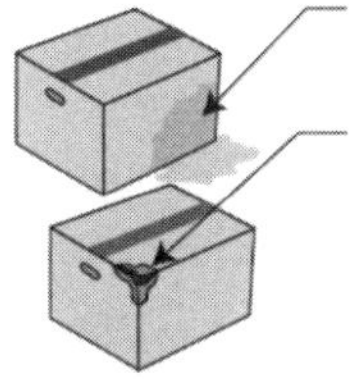

2．冷蔵・冷凍庫の温度の確認

（1）冷蔵庫、冷凍庫の庫内温度の温度計を確認します。温度計がついていない場合には温度計を設置しましょう。外から温度が見えるものが便利です。

（2）決めた頻度（例：「始業前」）に従って、温度を測定します。

なお、保存している食材の期限表示も定期的に確認し、期限内に使用するようにしましょう。

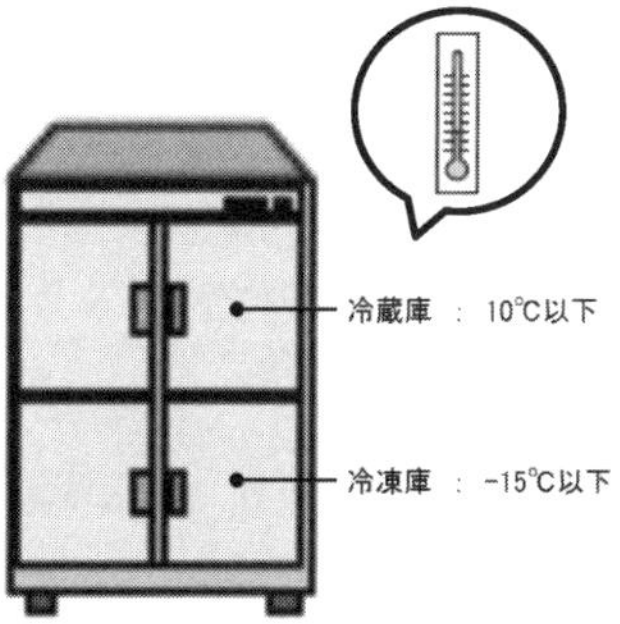

（3）なんらかの問題があったときは、決めた方法に従い対応します。

例）温度異常の原因を確認し、設定温度の再調整、あるいは故障の場合はメーカーに修理を依頼しましょう。

食材の状態に応じて使用しないか又は加熱して提供しましょう。

（4）これらを日誌に記録しましょう。

3. 交差汚染・二次汚染の防止

(1)生肉、生魚介類などの食材はふた付きの容器などに入れ、冷蔵庫の最下段に保管しましょう。冷蔵庫内の食品の種類ごとに決められた場所に保管しましょう。

まな板、包丁などの調理器具は、肉や魚などの用途別に分け、それらを扱った都度十分に洗浄し、消毒しましょう。

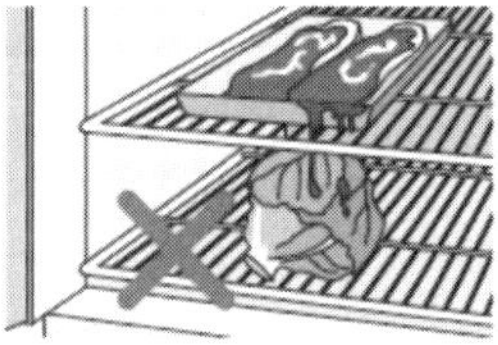

(2) 決めた頻度(例:作業中)に従って、冷蔵庫内の保管状況や調理器具の使用・洗浄などについて確認します。

(3)なんらかの問題があったときは、決めた方法に従い対応します。

例)調理器具などを介して食材に生肉などからの汚染の可能性があった場合は、必ず加熱して提供する、または、場合によっては食材として使用しないようにしましょう。まな板や包丁などに汚れが残っている場合には、再度、洗浄し、消毒を行いましょう。

(4) これらを日誌に記録しましょう。

4. 器具等の洗浄・消毒・殺菌

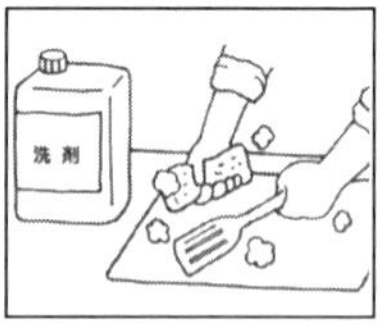

(1) 器具類については、肉や魚などの用途別に分け、それらを扱った都度、以下の手順で十分洗浄し、消毒しましょう。

(2) 決めた頻度(例:「使用後」)に従って、器具類の洗浄を確認しましょう。

(3)なんらかの問題があったときは、決めた方法に従い対応します。

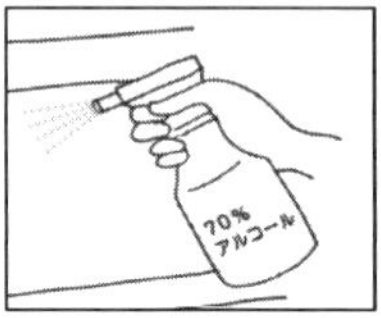

例) 使用時に汚れや洗剤などが残っていた場合は、洗剤で再度洗浄、または、すすぎを行い、消毒しましょう。

(4) これらを日誌に記録しましょう。

(5) 洗浄などの手順

① まな板、包丁、へら等

ア. 水道水で水洗いし、目に見える食品、汚れを取り除きます。

イ. スポンジタワシに洗剤をつけ、泡立ててよく洗浄します。

ウ. 水道水でよく洗剤を洗い流します。

エ. 熱湯、塩素系殺菌剤または70%アルコールなどにより殺菌します。

オ. よく乾燥させ、清潔な場所で保管します。

② ふきん、タオル等

ア. 水道水で水洗いします。

イ. 洗剤をつけ、泡立ててよく洗浄します。

ウ. 水道水でよく洗剤を洗い流します。

エ. 可能であれば、沸騰したお湯で5分間以上煮沸殺菌、または、塩素系殺菌剤で殺菌を行います。

オ. 清潔な場所で乾燥、保管します。

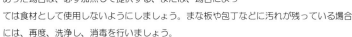

5. トイレの洗浄・消毒

（1）トイレの洗浄・消毒は以下の手順に従って、決めた頻度（例：「始業前」）で実施し、確認しましょう。

（2）なんらかの問題があったときは、決めた方法に従い対応します。

例）業務中にトイレが汚れていた場合は、洗剤で再度洗浄し、消毒する。

（3）これらを日誌に記録しましょう。

（4）洗浄などの手順

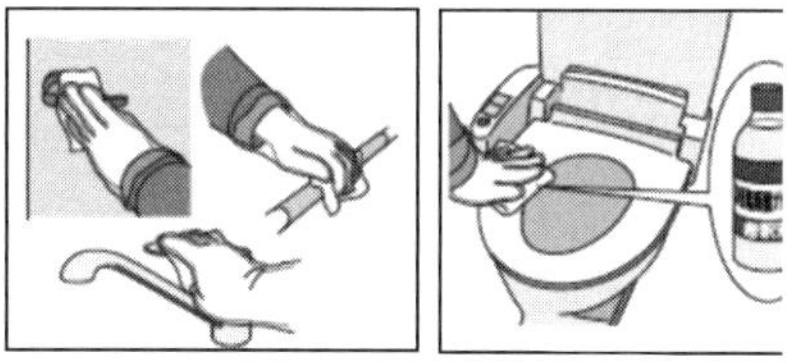

① まず、調理を行う時の服とは異なる服、くつ、ゴム手袋を身に着けます。

② 次にトイレ用洗剤、ブラシ、スポンジを用意します。

③ 水洗レバー、ドアノブなど手指が触れる場所を、塩素系殺菌剤で拭き上げます。5～10 分後に水を含ませ軽く絞った布で拭き上げます。

④ 手洗い設備の洗浄を行います。

⑤ 便器は、専用洗剤を用いて、ブラシでこすり洗いした後、流水ですすぎます。

⑥ 床面は、専用洗剤を用いて、ブラシでこすり洗いした後、流水で洗い流します。

⑦ 水洗レバー、ドアノブなどに触れてしまうなど、消毒済みの個所を汚染しないようにしましょう。汚染の可能性があった場合は、再度殺菌しましょう。

⑧ 使用した用具は洗浄し乾燥・保管します。

⑨ 終了後は、入念に手洗いを行います。

6. 従業員の健康管理・衛生的な作業着の着用など

（1）決めた頻度（例：「始業前」または「作業中」）で、以下の方法で確認しましょう。

（2）従業員に、下痢や嘔吐などの症状がある人がいないか確認します。症状があった方は直接食品を取り扱う業務に従事させてはいけません。帰宅させ、病院を受診するようにしましょう。治るまでは、直接食品を取り扱う業務に従事させないようにしましょう。

（3）従業員の手指に傷がないか、確認しましょう。ある場合には、耐水性絆創膏をつけた上から手袋を着用させましょう。

また、使い捨て手袋の着用を過信してはいけません。手袋を着用する時も衛生的な手洗いを行いましょう。

（4）従業員が、食品を取り扱う際に清潔な服を着用しているか確認しましょう。

（5）従業員が、髪を清潔に保ち、必要な場合は結んでいるか確認しましょう。

（6）腕時計や指輪などの貴金属は外しているか確認しましょう。

（7）これらを日誌に記録しましょう。

7. 衛生的な手洗いの実施

（1）以下の手順に従って、決めた頻度（例：「トイレの後、調理施設に入る前、盛り付けの前、作業内容変更時、生肉や生魚などを扱った後、金銭をさわった後、清掃を行った後」）で、衛生的な手洗いを実施し、確認しましょう。

（2）なんらかの問題があったときは、決めた方法に従い対応します。

例）作業中に従業員が必要なタイミングで手を洗っていないことを確認した場合には、すぐに手洗いを行わせる。

（3）これらを日誌に記録しましょう。

（4）手洗いの方法：

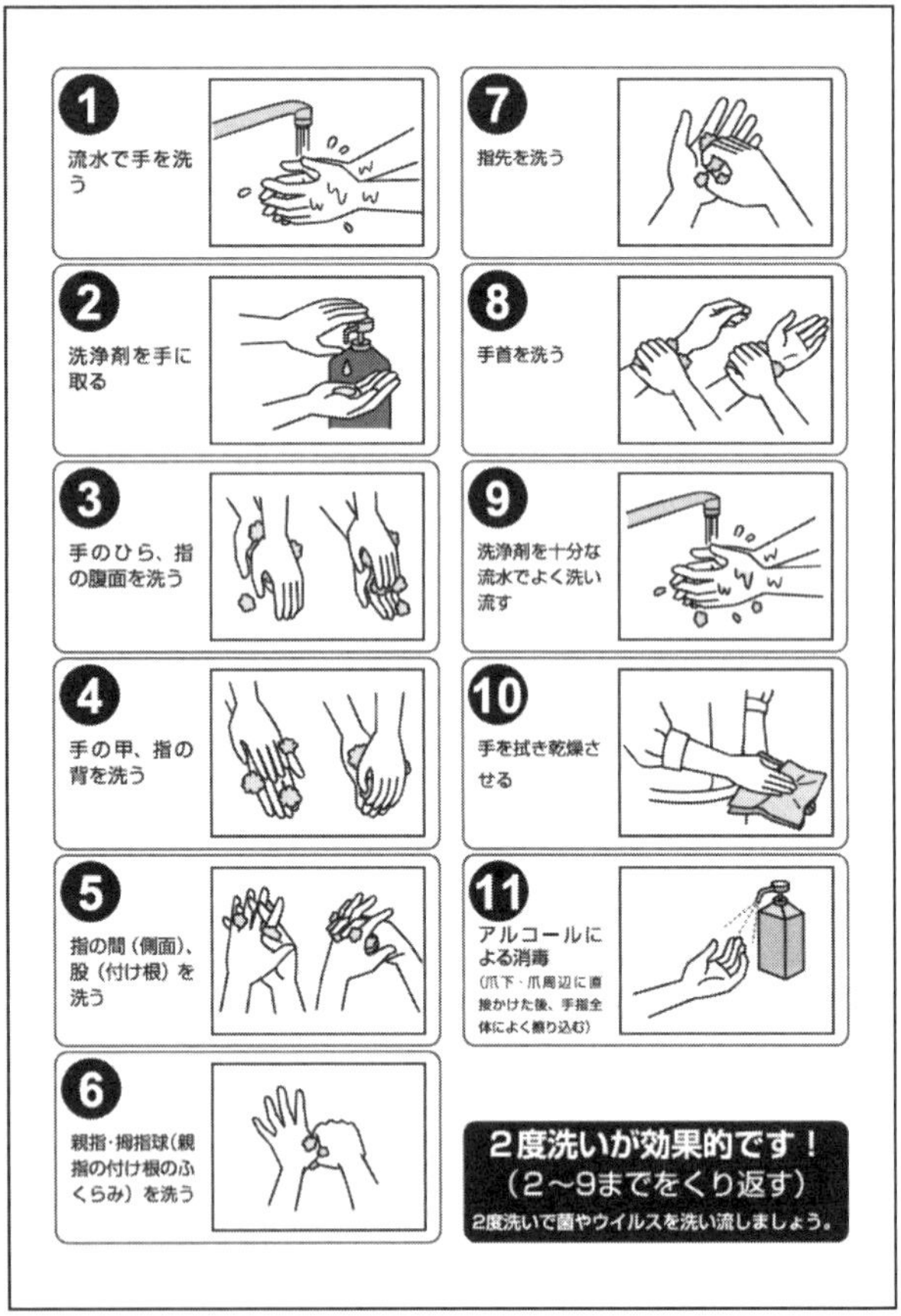

（その他）温度計の精度確認（校正）を行う場合には本編（詳細版）P50を参考にしてください。

別紙 1

一般飲食店における衛生管理計画

一般的衛生管理のポイント			
①	原材料の受入の確認	いつ	原材料の納入時・その他（　　　　　　　）
		どのように	
		問題があったとき	
②	庫内温度の確認（冷蔵庫・冷凍庫）	いつ	始業前・作業中・業務終了後・その他（　　　　　　　）
		どのように	
		問題があったとき	
③-1	交差汚染・二次汚染の防止	いつ	始業前・作業中・業務終了後・その他（　　　　　　　）
		どのように	
		問題があったとき	
③-2	器具等の洗浄・消毒・殺菌	いつ	始業前・使用後・業務終了後・その他（　　　　　　　）
		どのように	
		問題があったとき	
③-3	トイレの洗浄・消毒	いつ	始業前・作業中・業務終了後・その他（　　　　　　　）
		どのように	
		問題があったとき	
④-1	従業員の健康管理 等	いつ	始業前・作業中・その他（　　　　　　　）
		どのように	
		問題があったとき	
④-2	手洗いの実施	いつ	トイレの後、調理施設に入る前、盛り付けの前、作業内容変更時、生肉や生魚などを扱った後、金銭をさわった後、清掃を行った後・その他（　　　　　　　）
		どのように	
		問題があったとき	

⑤ 重要管理のポイント		
分類	メニュー	チェック方法
非加熱のもの（冷蔵品を冷たいまま提供）		
加熱するもの（冷蔵品を加熱し、熱いまま提供）		
（加熱した後、高温保管）		
加熱後冷却し、再加熱するもの		
（加熱後、冷却するもの）		

作成者サイン	作成した日　　　年　　　月　　　日

年　　月　　**一般的衛生管理の実施記録**　　別紙２

分類	① 原材料の受入の確認	② 庫内温度の確認 冷蔵庫・冷凍庫（℃）	③－1 交差汚染・二次汚染の防止	③－2 器具等の洗浄・消毒・殺菌	③－3 トイレの洗浄・消毒	④－1 従業員の健康管理 等	④－2 手洗いの実施	日々チェック	特記事項	確認者
1日	良・否		良・否	良・否	良・否	良・否	良・否			
2日	良・否		良・否	良・否	良・否	良・否	良・否			
3日	良・否		良・否	良・否	良・否	良・否	良・否			
4日	良・否		良・否	良・否	良・否	良・否	良・否			
5日	良・否		良・否	良・否	良・否	良・否	良・否			
6日	良・否		良・否	良・否	良・否	良・否	良・否			
7日	良・否		良・否	良・否	良・否	良・否	良・否			
8日	良・否		良・否	良・否	良・否	良・否	良・否			
9日	良・否		良・否	良・否	良・否	良・否	良・否			
10日	良・否		良・否	良・否	良・否	良・否	良・否			
11日	良・否		良・否	良・否	良・否	良・否	良・否			
12日	良・否		良・否	良・否	良・否	良・否	良・否			
13日	良・否		良・否	良・否	良・否	良・否	良・否			
14日	良・否		良・否	良・否	良・否	良・否	良・否			
15日	良・否		良・否	良・否	良・否	良・否	良・否			
16日	良・否		良・否	良・否	良・否	良・否	良・否			
17日	良・否		良・否	良・否	良・否	良・否	良・否			
18日	良・否		良・否	良・否	良・否	良・否	良・否			
19日	良・否		良・否	良・否	良・否	良・否	良・否			
20日	良・否		良・否	良・否	良・否	良・否	良・否			
21日	良・否		良・否	良・否	良・否	良・否	良・否			
22日	良・否		良・否	良・否	良・否	良・否	良・否			
23日	良・否		良・否	良・否	良・否	良・否	良・否			
24日	良・否		良・否	良・否	良・否	良・否	良・否			
25日	良・否		良・否	良・否	良・否	良・否	良・否			
26日	良・否		良・否	良・否	良・否	良・否	良・否			
27日	良・否		良・否	良・否	良・否	良・否	良・否			
28日	良・否		良・否	良・否	良・否	良・否	良・否			
29日	良・否		良・否	良・否	良・否	良・否	良・否			
30日	良・否		良・否	良・否	良・否	良・否	良・否			
31日	良・否		良・否	良・否	良・否	良・否	良・否			

年　　　月

重要管理の実施記録

別紙２

分類	非加熱のもの（冷蔵品を冷たいまま提供）	加熱するもの（冷蔵品を加熱し、熱いまま提供）	（加熱した後、高温保管）	加熱後冷却し、再加熱するもの	（加熱後、冷却するもの）	日々チェック	特記事項	確認者
メニュー								
1日	良・否	良・否	良・否	良・否	良・否			
2日	良・否	良・否	良・否	良・否	良・否			
3日	良・否	良・否	良・否	良・否	良・否			
4日	良・否	良・否	良・否	良・否	良・否			
5日	良・否	良・否	良・否	良・否	良・否			
6日	良・否	良・否	良・否	良・否	良・否			
7日	良・否	良・否	良・否	良・否	良・否			
8日	良・否	良・否	良・否	良・否	良・否			
9日	良・否	良・否	良・否	良・否	良・否			
10日	良・否	良・否	良・否	良・否	良・否			
11日	良・否	良・否	良・否	良・否	良・否			
12日	良・否	良・否	良・否	良・否	良・否			
13日	良・否	良・否	良・否	良・否	良・否			
14日	良・否	良・否	良・否	良・否	良・否			
15日	良・否	良・否	良・否	良・否	良・否			
16日	良・否	良・否	良・否	良・否	良・否			
17日	良・否	良・否	良・否	良・否	良・否			
18日	良・否	良・否	良・否	良・否	良・否			
19日	良・否	良・否	良・否	良・否	良・否			
20日	良・否	良・否	良・否	良・否	良・否			
21日	良・否	良・否	良・否	良・否	良・否			
22日	良・否	良・否	良・否	良・否	良・否			
23日	良・否	良・否	良・否	良・否	良・否			
24日	良・否	良・否	良・否	良・否	良・否			
25日	良・否	良・否	良・否	良・否	良・否			
26日	良・否	良・否	良・否	良・否	良・否			
27日	良・否	良・否	良・否	良・否	良・否			
28日	良・否	良・否	良・否	良・否	良・否			
29日	良・否	良・否	良・否	良・否	良・否			
30日	良・否	良・否	良・否	良・否	良・否			
31日	良・否	良・否	良・否	良・否	良・否			

HACCPの考え方に基づく衛生管理のための手引書

（小規模な一般飲食店事業者向け）概要版

平成29年9月　初版発行

発　　行　公益社団法人日本食品衛生協会

〒150-0001

東京都渋谷区神宮前2－6－1

Press Release

独立行政法人 労働政策研究・研修機構
The Japan Institute for Labour Policy and Training

平成 28 年 3 月 1 日（火）

独立行政法人 労働政策研究・研修機構（理事長　菅野 和夫）
企業と雇用部門　統括研究員　永田　有
（電話）03-5991-5123　（URL）http://www.jil.go.jp/

「妊娠等を理由とする不利益取扱い及びセクシュアルハラスメントに関する実態調査」結果（概要）

調査結果のポイント

○ いわゆるマタハラなど妊娠等を理由とする不利益取扱い等の経験率は 21.4%。上司だけではなく同僚からも行われ、男性だけではなく女性からも行われている。

○ 防止対策に取り組んでいる企業では、妊娠等を理由とする不利益取り扱い等の経験率が低くなるとともに、出産後も働き続ける女性の割合が高くなる傾向がある。

○ セクシュアルハラスメントの経験率は 28.7%であり、正社員が 34.7%と高い。

○　調査の概要

1．調査の趣旨・目的

2014 年 10 月の専門的知識等を有する有期雇用労働者等に関する特別措置法案に対する附帯決議において、「女性有期雇用労働者に対する妊娠、出産、育児休業取得等を理由とする雇止めの実態について、十分な調査」を行うこととされたこと等を受け、派遣労働者を含めた有期契約労働者[1]の育児休業取得状況等の実態や、妊娠等を理由とする不利益取扱い等[2]及びセクシュアルハラスメント[3]について、正社員等無期契約の労働者との比較において調査することにより、施策の方向性の検討に活用することを目的とする。

2．研究の方法

企業及び従業員に対する郵送法による調査票調査と、雇用者及び雇用されて就業した経験のある無業者に対するオンライン・ウェブモニター調査。

＜調査票調査の詳細＞

調査票調査の対象は、民間信用調査会社所有の企業データベースを母集団とし、2009 年経済センサス基礎調査の構成比に基づき、産業・規模別に層化無作為抽出した全国の従業員 10 人以上の民営企業 6,500 社、及び当該企業に雇用される 25～44 歳の女性労働者（規

1 本調査では派遣労働者の実態を明らかにするため、「職業紹介・労働者派遣業」及び派遣労働者をオーバーサンプリングしている。企業調査は母集団に復元して集計しているため結果に偏りはないが、個人調査は回答をそのまま集計しているため、雇用形態計の値をみる際には注意が必要である。

2 この調査では、男女雇用機会均等法や育児介護休業法における妊娠、出産、育児休業等を理由とする不利益取扱いのみならず、上司・同僚による嫌がらせ（いわゆるマタニティハラスメント）も含めて広く調査している。

3 この調査では、男女雇用機会均等法におけるセクシュアルハラスメントに限らず、固定的な性別役割分担意識に基づく言動も含めて広く調査している。

模に応じて１社当たり３票または５票を配布するよう依頼したため最大 26,186 人だが、対象年齢層の女性労働者がいない企業もあることから実際の配布数は不明。4)）。2015 年 9 月 14 日～10 月 4 日を調査期間と設定し、11 月 4 日までに回収できた分を集計した。企業 1,711 社[5]（26.3%）、労働者 4,654 人（26,186 人に対し 17.8%）から有効回答を得た。企業調査は母集団に復元して集計した。

＜ウェブモニター調査の詳細＞

ウェブモニター調査は、民間の調査会社にモニター登録している 25～44 歳の女性雇用労働者 2,500 人、及び雇用されて就業した経験がある 25～44 歳の女性無業者 2,500 人から回答を得た。調査期間は 2015 年 9 月 18 日～10 月 6 日。

以下の資料では、企業調査との紐付け集計を除き、個人調査は郵送調査とウェブモニター調査のサンプルを合わせて集計している。

※調査の最終的なとりまとめは、2016 年 5 月頃に調査シリーズとして刊行予定。

○ 調査結果の概要

１．産前・産後休暇、母性健康管理措置、育児休業等の状況

（１）産前・産後休暇、母性健康管理措置の規定状況、雇用形態別適用状況

就業規則等に明文化された産前・産後休暇、母性健康管理措置別の規定状況をみると、「産前・産後休暇」を規定している企業割合が 86.2%と最も多く、次いで「時差通勤・勤務時間の短縮等」(68.2%)、「業務負担軽減」(63.3%) 等となっている。産前・産後休暇の規定がある企業割合は、規模が大きくなるほど高くなり、1,000 人以上規模では 100.0%となっている。

制度の規定がある企業について、雇用形態別に制度の適用状況[6]をみると、正社員についてはいずれの制度も 99%以上の企業で適用されているのに対し、パートタイマーでは４割前後、契約社員等フルタイムの有期契約労働者では３割台の企業が適用している。

有期契約で雇用され他企業に派遣されている労働者については、他企業へ派遣をしていて、制度の規定がある企業について見ると、３～５割台の企業が適用している。

4 また、派遣先についても 25～44 歳の女性労働者に配布するよう依頼しているが、派遣先で年齢を把握していない場合がある。

5 うち、他企業に労働者を派遣している企業は 127 社。

6 明文化された規定上その雇用形態の者が制度を利用できるかについて聞いている。

図表１　産前・産後休暇、母性健康管理措置の規定状況、雇用形態別適用状況（企業調査）

①全企業　(%)

		制度の規定無し	制度の規定有り		正社員	契約社員等フルタイムの有期契約労働者	パートタイマー
産前･産後休暇		13.8	86.2	(100.0)	(99.7)	(33.2)	(37.5)
	10～99人	15.2	84.8	(100.0)	(99.7)	(28.5)	(34.5)
	100～999人	2.9	97.1	(100.0)	(99.8)	(64.3)	(57.6)
	1,000人～	0.0	100.0	(100.0)	(100.0)	(72.6)	(64.7)
妊婦健診の受診時間確保		41.6	58.4	(100.0)	(99.1)	(36.9)	(35.9)
時差通勤･勤務時間の短縮等		31.8	68.2	(100.0)	(99.1)	(36.4)	(40.0)
妊娠中の休憩		44.2	55.8	(100.0)	(99.5)	(36.6)	(37.5)
業務負担軽減		36.7	63.3	(100.0)	(99.5)	(38.5)	(41.5)

②うち他企業への派遣労働者(有期契約の者)ありの企業　(%)

		制度の規定無し	制度の規定有り		他企業への派遣労働者（有期契約）
産前･産後休暇		5.6	94.4	(100.0)	(57.7)
	10～99人	7.7	92.3	(100.0)	(55.2)
	100～999人	0.0	100.0	(100.0)	(63.9)
	1,000人以上	0.0	100.0	(100.0)	(67.0)
妊婦検診の受診時間確保		29.5	70.5	(100.0)	(36.1)
時差通勤･勤務時間の短縮等		16.4	83.6	(100.0)	(52.5)
妊娠中の休憩		36.9	63.1	(100.0)	(39.9)
業務負担軽減		28.5	71.5	(100.0)	(41.2)

(注)無回答及び「わからない」を除く。(　)内は「制度の規定有り」に対する割合。

（２）雇用形態別妊娠した労働者の継続就業等の状況

企業が把握した最近３年間に妊娠した労働者の継続就業等の状況をみると、正社員では産前・産後休業を取得せずに退職した者は 7.4%で、在職中に出産した者は 75.0%であった。産前･産後休業後に復職せず退職した者は 0.9%、産前･産後休業後の復職者は 73.3%、育児休業を取得せずに復職した者は 1.1%であり、多くは育児休業を取得している(72.2%、在職中に出産した者 75.0%についての育児休業取得率 96.3%)。育児休業後退職した者は 2.2%、復職した者が 51.3%と復職した者が多い（育児休業を終了した者 53.5%（育児休業取得後退職した者 2.2%と育児休業取得後復職した者 51.3%の和）についての復職率 95.8% ）。正社員のまま職位を下げずに復職した者が 48.0%、雇用形態をパートタイマーに変更した者が 2.7%であった。正社員については出産後、育児休業を経て正社員として復職する割合が高くなっている（育児休業後の復職者 51.3%について、正社員のまま職位を下げずに復職した者の割合 93.6%）。

有期契約のパートタイマーについては、妊娠した後の退職や出産状況を企業に把握されていない者が 19.3%、出産後の退職、復職状況を把握されていない者が 4.4%いる。また、産前・産後休業を取得せずに退職する者が 17.7%と比較的多い。在職中に出産した者

58.3%に対し育児休業取得者は50.8%で育児休業取得率は87.1%である。

フルタイムの有期契約労働者では産前・産後休業取得前に退職した者は11.4%とパートタイマーよりは少なく、産前・産後休業取得後の復職者は78.3%と正社員より高い割合である。育児休業取得後の復職者は42.5%、退職者1.2%と育児休業取得後の復職率も高い（育児休業を終了した者43.7%（育児休業取得後退職した者1.2%と育児休業取得後復職した者42.5%の和）についての復職率97.4%）。在職中に出産した者81.4%に対し育児休業取得者は72.2%で、育児休業取得率は88.6%である。

他企業への派遣労働者（有期契約）については、産前・産後休業を取得せずに退職した者が16.9%、在職中に出産した者が59.3%とパートタイマーに近い割合であるが、産前・産後休業取得後に復職せずに退職した者が11.8%、育児休業取得後に退職した者が5.6%と他の雇用形態より高く、復職率は低くなっている（育児休業を終了した者28.1%（育児休業取得後退職した者5.6%と育児休業取得後復職した者22.5%の和）についての復職率80.1%）。在職中に出産した者59.3%に対して育児休業取得者47.2%で、育児休業取得率は79.5%である。

図表2　雇用形態別妊娠した労働者の継続就業等の状況（企業調査）

(%)

	正社員		契約社員等フルタイムの有期契約労働者		パートタイマー（有期契約）		他企業への派遣労働者（有期契約）	
最近3年間に妊娠していた	100.0		100.0		100.0		100.0	
妊娠後、産前産後休業を取得せずに退職した	7.4		11.4		17.7		16.9	
継続就業しており現在も妊娠中、または出産に至らなかった	8.0		7.1		4.6		23.8	
在職中に出産した	75.0	(100.0)	81.4	(100.0)	58.3	(100.0)	59.3	(100.0)
産前産後休業取得後復職せずに退職した	0.9	(1.2)	2.1	(2.6)	1.6	(2.7)	11.8	(19.8)
産前産後休業取得後復職した	73.3	(97.7)	78.3	(96.1)	52.4	(89.7)	47.6	(80.2)
育児休業を取得しなかった	1.1	(1.5)	6.1	(7.5)	1.5	(2.6)	0.4	(0.7)
育児休業を取得した	72.2	(96.3)	72.2	(88.6)	50.8	(87.1)	47.2	(79.5)
		〈100.0〉		〈100.0〉		〈100.0〉		〈100.0〉
うち育児休業中に代替要員を確保した	18.0	〈24.9〉	20.4	〈28.2〉	4.3	〈8.4〉	15.1	〈32.1〉
育児休業取得中	18.7	〈25.9〉	25.9	〈35.9〉	9.5	〈18.6〉	6.8	〈14.4〉
育児休業取得後退職した	2.2	〈3.1〉	1.2	〈1.7〉	2.3	〈4.4〉	5.6	〈11.9〉
育児休業取得後復職した	51.3	〈71.0〉	42.5	〈58.9〉	38.4	〈75.6〉	22.5	〈47.6〉
		{100.0}		{100.0}		{100.0}		{100.0}
取得前と同じ雇用形態で、職位を下げずに復職した	48.0	{93.6}	42.5	{100.0}	36.4	{94.9}	22.5	{100.0}
取得前と同じ雇用形態だが、職位を下げて復職した	0.6	{1.2}	0.0	{0.0}	0.0	{0.1}	0.0	{0.0}
取得前は正社員だったが雇用形態をパートタイマー等に変更して復職した	2.7	{5.2}	—	—	—	—	—	—
育児休業からの復職後の職位、雇用形態等不明	0.0	{0.0}	0.0	{0.0}	1.9	{5.0}	0.0	{0.0}
育児休業取得後の状況不明	0.0	〈0.0〉	2.6	〈3.6〉	0.7	〈1.3〉	12.3	〈26.1〉
産前産後休業からの復職後の育児休業取得状況不明	0.0		0.0		0.0		0.0	
出産後の退職、復職状況不明	0.8	(1.0)	1.1	(1.3)	4.4	(7.6)	0.0	(0.0)
妊娠した後の退職や出産状況不明	9.6		0.0		19.3		0.0	

(注)1.調査票では企業が把握した人数をきいているが、「のべ人数(件数)」を回答したとみられる企業があるため、すべて「のべ人数」とみなして内数の合計が全体になるように調整している。
2.(　)内は在職中に出産した者を100.0%とした構成比、〈　〉内は育児休業をした者を100.0%とした構成比、{　}内は育児休業取得後復職した者を100.0%とした構成比である。
3.育児休業後の復職率は、育児休業取得後復職した者と育児休業取得後退職した者の合計に占める育児休業取得後復職した者の割合。
正社員の場合51.3／(51.3＋2.2)×100(%)として計算される(四捨五入の関係で95.8となる)。

（3）雇用形態別、企業規模別育児休業取得状況

働いていた企業で未就学児の育児を経験した者について、育児休業取得者の割合は55.7%で、企業規模が大きいほど取得率は高い[7]。

雇用形態別にみると、正社員では74.2%であるがパートタイマーで24.8%、派遣社員で21.3%であった。なお、有期雇用の労働者の中には育児休業制度が適用されない者を含むため、非正社員の取得率が低く出ていると考えられる。本調査では妊娠等を理由とする不

7　分母には子の年齢が育児休業が取得できる年齢を超えている者を含んでおり、取得できる者に対する育児休業取得率とはいえないことに注意が必要である。

利益取扱い等[8]を経験した者に限って出産予定日時点での勤続年数、子が1歳になった以降の契約更新の見込み、子が2歳になるまでの雇用契約の終了について聞いているので、この条件について育児休業制度が適用されうる者に限って取得状況をみることができる。その数値をみると、非正社員ではいずれも正社員（6.2ポイント上昇）より大きく上昇し、とくに派遣労働者（22.5ポイント上昇）で上昇幅が大きいが、取得率の水準ではいずれの雇用形態でも正社員を下回った。

図表3　企業規模、雇用形態別育児休業の取得状況（個人調査）

（%）

	雇用形態計	正社員（フルタイムで雇用期間の定めのない者）	契約社員等（フルタイムで有期契約の者）	パートタイマー（労働時間が通常の労働者より短い者）	派遣労働者
企業規模計	55.7	74.2	45.9	24.8	21.3
1～29人	38.6	56.0	34.6	21.8	15.0
30～299人	59.1	73.7	51.8	26.3	22.6
300人～	67.9	84.4	50.6	29.4	28.4
妊娠等を理由とする不利益取扱い等経験者で、育児休業制度が適用される者	71.9	80.4	66.7	40.0	43.8

（注）1.最近2つまでの職場について、未就学児の育児をしたか、育児休業を取得した者（n＝3,226）に対する育児休業取得者の割合。妊娠等を理由とする不利益取扱い経験者で、育児休業制度が適用されうる者はn＝534。ただし、勤続及び契約更新の条件のみを考慮しており、子の年齢が育児休業を取れる年齢を超えている者を含んでいる。

2.企業規模計には規模1～9人、官公庁、規模不明を含む。

3.雇用形態計には「雇用期間の定めの無い雇用（正社員以外）」、「わからない」及び無回答を含む。

4.妊娠等を理由とする不利益取扱い経験者のパートタイマーは有期契約の者のみ。

[8] 妊娠等を理由とする不利益取扱い等の内容については後出の図表5を参照されたい。

２．妊娠等を理由とする不利益取扱い等の状況

（１）雇用形態別妊娠等を理由とする不利益取扱い等経験率

働いていた企業で妊娠、出産、未就学児の育児を経験した者について、妊娠等を理由とする不利益取扱い等の経験率は21.4％であり、企業規模が大きいほど経験率は高い。雇用形態別には派遣労働者で45.3％と高い。

図表４　雇用形態別妊娠等を理由とする不利益取扱い等経験率（個人調査）

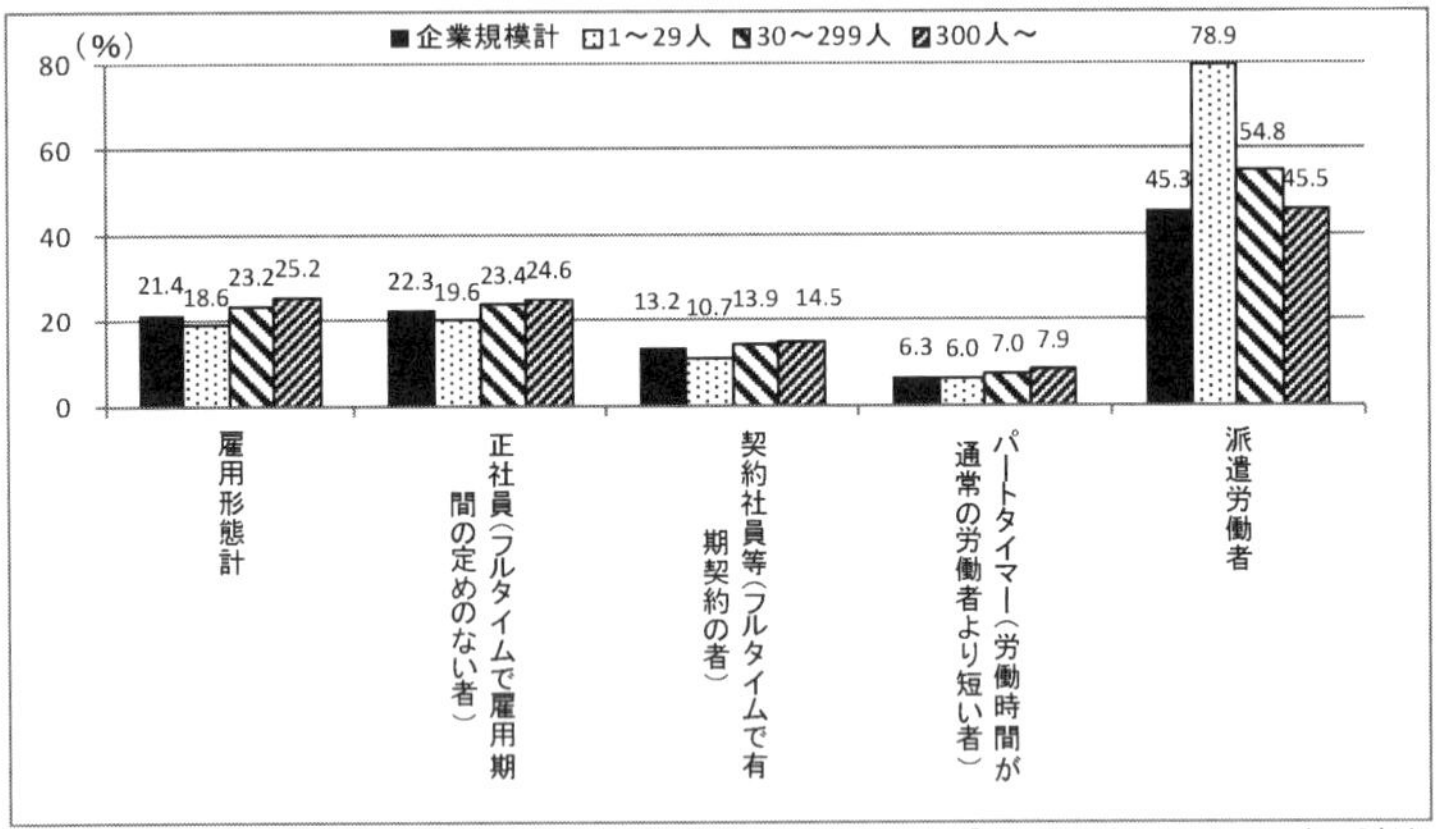

（注）1.最近2つまでの職場において、妊娠、出産、未就学児の育児をした者（雇用形態「無回答」を除く、n＝4,505）に占める割合。
2.企業規模計には「覚えていない、わからない」、「官公庁」及び無回答を含む。派遣労働者の企業規模は派遣先企業の規模。
また、派遣労働者の1～29人はサンプルサイズが38と小さいことに注意が必要。
3. 雇用形態計には「わからない」を含む。
4. 経験率は最も重大と考える事案を経験したときの雇用形態別経験者を、現在または退職時の雇用形態別妊娠、出産、未就学児の育児経験者数で除して求めている。

（２）妊娠等を理由とする不利益取扱い等の態様

妊娠等を理由とする不利益取扱い等の態様としては、「『休むなんて迷惑だ』『辞めたら？』など、妊娠・出産・育児関連の権利を主張しづらくするような発言をされた」が47.0％と最も多かった。続いて、妊娠等を理由とする不利益取扱い等を「示唆するような発言をされた」（21.1％）、「賞与等における不利益な算定」（18.4％）で、「雇い止め」（18.0％）、「解雇」（16.6％）となっている。

派遣労働者に対する派遣先からの妊娠等を理由とする不利益取扱い等としては、やはり「『休むなんて迷惑だ』『辞めたら？』など、妊娠・出産・育児関連の権利を主張しづらくするような発言をされた」が29.9％と多いが、雇用形態計での47.0％よりは低い。次いで「妊娠したが、仕事ができるにもかかわらず、派遣契約を打ち切られたり他の労働者への交代を求められた」が24.7％と妊娠の段階でのものが比較的多かった。

図表５　妊娠等を理由とする不利益取扱い等の態様（個人調査）

①雇用形態計

（複数回答、％）

解雇	16.6
雇い止め	18.0
契約更新回数の引き下げ	6.0
退職や正社員を非正規社員とするような契約内容変更の強要	14.4
降格	7.6
減給	12.7
賞与等における不利益な算定	18.4
不利益な配置変更	14.6
不利益な自宅待機命令	5.0
昇進・昇格の人事考課で不利益な評価をされた	14.0
仕事をさせない、もっぱら雑務をさせるなど就業環境を害する行為をされた	12.6
上のいずれかを示唆するような発言をされた	21.1
「休むなんて迷惑だ」「辞めたら？」など、妊娠・出産・育児関連の権利を主張しづらくするような発言をされた	47.0

②派遣労働者が派遣先企業から受けた妊娠等を理由とする不利益取扱い等

（複数回答、％）

妊娠したが、仕事ができるにもかかわらず、派遣契約を打ち切られたり他の労働者への交代を求められた	24.7
育児休業を申し出たが、休業に入るまでの間は仕事ができるにもかかわらず派遣契約を打ち切られたり他の労働者への交代を求められた	14.4
子の看護休暇を申し出たり、利用をしたが、そのことを理由として派遣契約を打ち切られたり他の労働者への交代を求められた	10.3
育休、子の看護休暇を申し出たり、利用をしたがそのことを理由に、仕事をさせない、専ら雑務をさせる、などの扱いを受けた	7.5
上のいずれかを示唆するような発言をされた	16.7
「休むなんて迷惑だ」「辞めたら？」など、妊娠・出産・育児関連の権利を主張しづらくするような発言をされた	29.9

（注）1. 最近2つまでの職場において、何らかの妊娠等を理由とする不利益取扱い等を受けた者（n＝984）及び、うち最も重大な事案を経験したときの雇用形態が派遣労働者であった者（n＝174）について集計。
2.表①について、派遣労働者は派遣元から受けた態様を集計。
3.不利益取扱い等の「経験率」ではないことに注意。

（３）妊娠等を理由とする不利益取扱い等の行為者

妊娠等を理由とする不利益取扱い等の行為者は、男性 55.9%、女性 38.1%と、男性からが多いが、女性からも行われている。

経験者との関係では、「職場の直属上司」（29.9%）、「直属上司よりも上位の上司、役員」（20.8%）が多く、「職場の同僚、部下」（14.9%）と続く。人事所管部署からの妊娠等を理由とする不利益取扱い等は 7.9%であった。

図表６　妊娠等を理由とする不利益取扱い等の行為者（個人調査）

①男女別

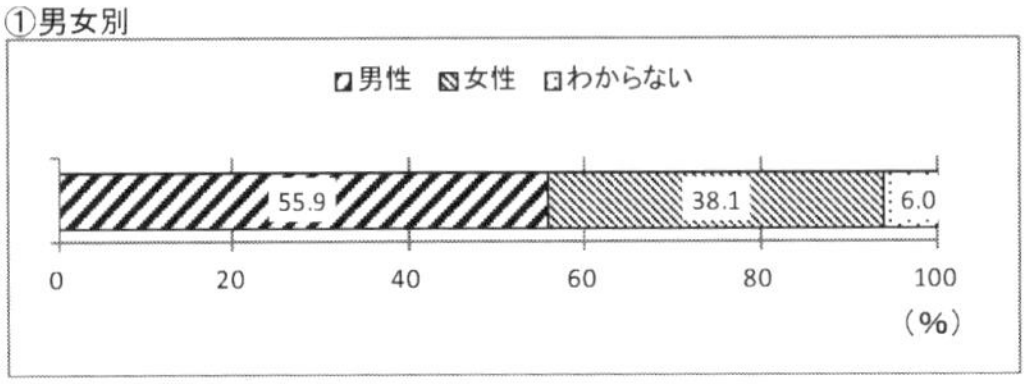

②経験者との関係別

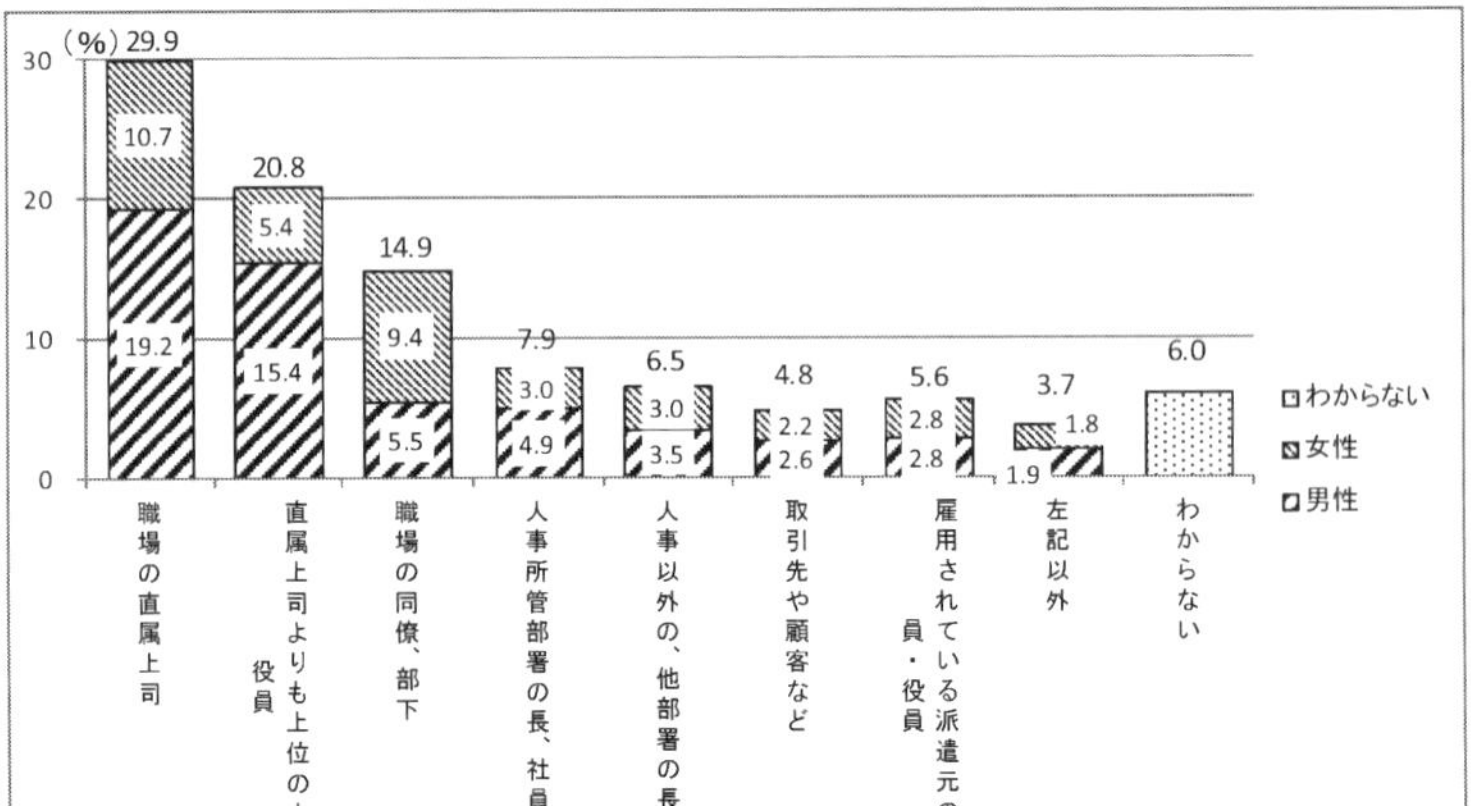

（注）1.最近2つまでの職場について、妊娠等を理由とする不利益取扱い等経験についての複数回答のべ回答数に占める割合。のべ件数はn＝1,898件。
2.「人事所管部署の長、社員」は人事以外に配置されている者のみ回答する。

（4）妊娠等を理由とする不利益取扱い等を受けることになった事由

妊娠等を理由とする不利益取扱い等を受けることになったと本人が考える事由については、「妊娠、出産」が 44.0%と最も多いが、300 人以上企業では 39.9%とやや下がる。次いで「つわり、切迫流産などで仕事ができない、労働能率が低下」（23.1%）、「育児休業」（21.2%）の順となっている。

図表７　妊娠等を理由とする不利益取扱い等を受けることになった事由（個人調査）

（複数回答、%）

	企業規模計	1〜29人	30〜299人	300人〜
妊娠、出産	44.0	44.0	45.1	39.9
妊婦健診などの母性健康管理措置	5.8	5.3	3.7	9.5
産前・産後休業	19.0	12.6	21.2	20.1
軽易な業務への転換	6.8	7.7	4.8	9.5
つわり、切迫流産などで仕事ができない、労働能率が低下	23.1	26.6	20.2	26.5
育児時間	8.1	7.7	8.2	9.9
時間外労働、休日労働、深夜業をしない	10.6	10.1	9.3	12.0
育児休業	21.2	16.9	21.5	24.4
短時間勤務	18.7	12.1	17.0	25.1
子の看護休暇	16.8	15.9	15.9	19.1
時間外労働、深夜業をしない	12.8	10.1	13.0	12.4
その他	7.4	5.8	8.8	6.0
特にない、思い当たらない	13.4	15.9	12.7	11.0

（注）1.最近2つまでの職場において、何らかの妊娠等を理由とする不利益取扱い等を受けた者（事由について無回答除く、n=964）について集計。
2. 企業規模計には「わからない」、官公庁、規模不詳を含む。

（5）妊娠等を理由とする不利益取扱い等防止対策

妊娠等を理由とする不利益取扱い等を防止するための対策に取り組んでいる企業は 51.1%、取り組んでいない企業は 48.9%であった。

取り組んでいる事項（複数回答）をみると、「相談・苦情対応窓口の設置」が 23.4%で最も多く、次いで「つわり等により不就労が生じた妊婦がいる職場に対する業務上の応援」（14.0%）、「管理職に対し、妊娠等を理由とする不利益取扱いが違法行為であること等について、研修などによる周知」（11.1%）の順となっている。

相談・苦情対応窓口の形態（複数回答）としては、「人事担当者や職場の管理職を相談担当者に決めている」が 71.5%と最も多い。

相談・苦情対応窓口に配置している者の性別をみると、「男女双方を配置」が 54.8%、「男性のみ配置」が 34.3%、「女性のみ配置」が 10.9%となっている。

図表８　妊娠等を理由とする不利益取扱い等防止対策（企業調査）

妊娠等を理由とする不利益取扱い等の防止対策

		(%)
取り組んでいる		51.1
	管理職に対し、妊娠等を理由とする不利益取扱いが違法行為であること等について、研修などによる周知	11.1
	職場全体に対し、妊婦等を理由とする不利益取扱いが違法行為であること等について、研修などによる周知	8.2
	つわり等により不就労が生じた妊婦がいる職場に対する業務上の応援	14.0
	相談・苦情対応窓口の設置	**23.4**
	相談・苦情対応窓口担当者への研修	1.7
	実態調査のためのアンケートや調査	1.1
	その他	10.4
取り組んでいない		48.9

（注）相談・苦情対応窓口の男女別配置状況以外は複数回答。
無回答を除く。

相談・苦情対応窓口の形態

		(%)
相談・苦情対応窓口を設置している		100.0
	人事担当者や職場の管理職を相談担当者に決めている	71.5
	企業内に相談室を設置し、相談専門の担当者を配置している	9.4
	労使による苦情処理委員会を設置している	2.4
	企業内に専用電話を開設している	5.0
	社外の専門機関に委託している	9.3
	その他	16.1
	男女双方を配置	54.8
	男性のみ配置	34.3
	女性のみ配置	10.9

（６）妊娠等を理由とする不利益取扱い等防止対策の効果

郵送調査で企業と紐付けできた従業員サンプルについて、企業が取り組む妊娠等を理由とする不利益取扱い等防止対策別に不利益取扱い等経験率をみると、取り組んでいる企業の方がいずれも取り組んでいない企業より 2.9 ポイント経験率が低い。対策別には「実態調査のためのアンケートや調査」（同 6.7 ポイント低下）や、「つわり等により不就労が生じた妊婦がいる職場に対する業務上の応援」（同 5.8 ポイント低下）を実施する企業での経験率が比較的低い。

図表９　企業が取り組む対策別妊娠等を理由とする不利益取扱い等経験率（企業調査・個人調査）

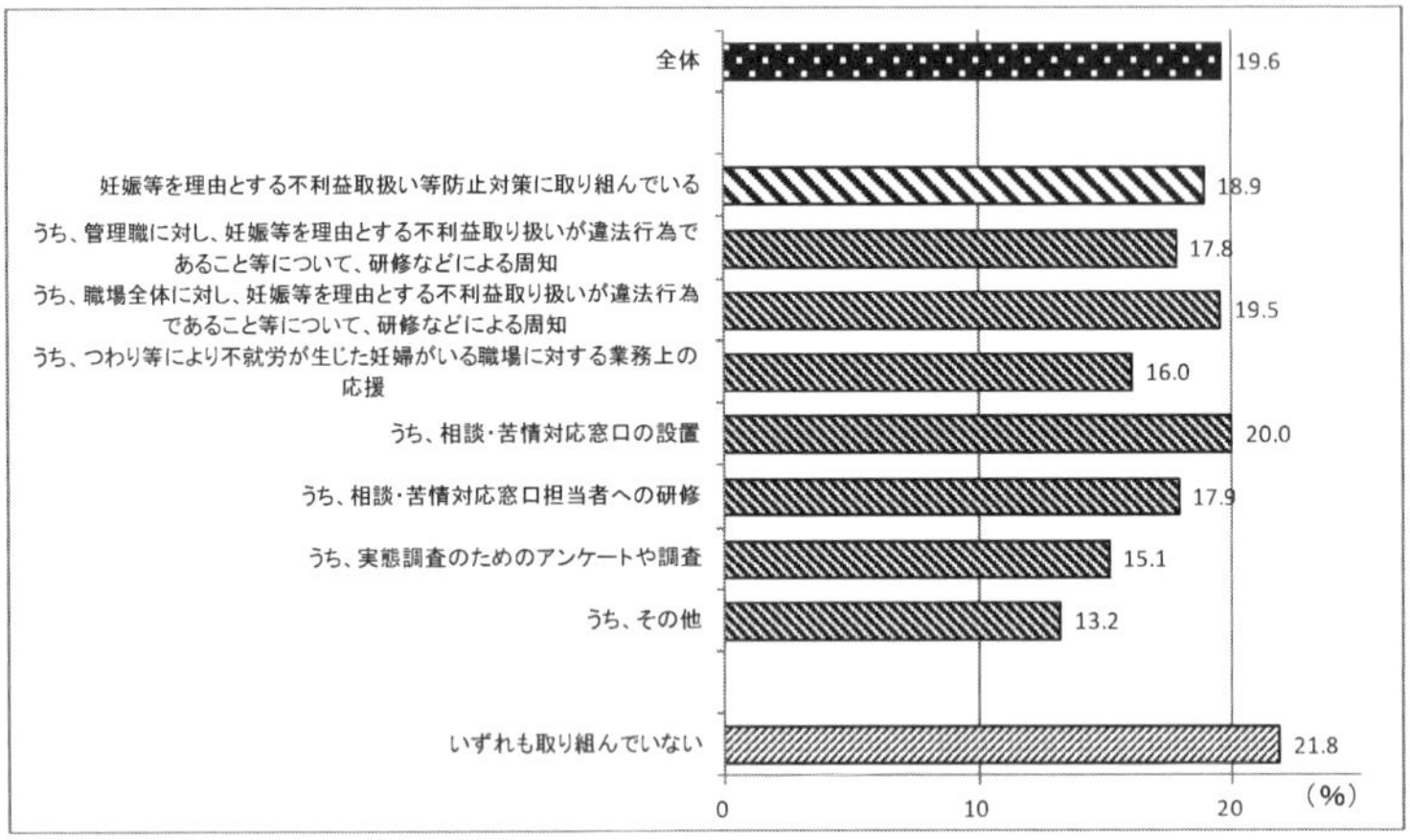

（注）企業票と紐付けできない者及び、無回答を除く、n＝1,606。

また、企業が取り組む妊娠等を理由とする不利益取扱い等防止対策別に女性社員の妊娠・出産時までの就業継続状況をみると、防止対策に取り組んでいる企業では、正社員について「出産後も働き続ける女性が大多数だ（おおむね８割以上）」が 47.1％である一方、取り組んでいない企業では 37.2％であり、防止対策に取り組んでいる企業の方が出産後も働き続ける女性が多い。一方、防止対策に取り組んでいる企業では、正社員について「出産後も働き続ける女性はほとんどいない（おおむね２割未満）」が 19.2％であるが、取り組んでいない企業では 33.7％と、防止対策に取り組んでいない企業の方が出産後も働き続ける女性が少ない。

また、有期契約労働者についてもこの傾向は同様で、防止対策に取り組んでいる企業では「出産後も働き続ける女性が大多数だ（おおむね８割以上）」が 27.3％、防止対策に取り組んでいない企業では 23.2％となっており、正社員だけでなく有期契約労働者についても対策に取り組む企業で取り組まない企業よりも出産後も働き続ける女性の割合が高い傾向がうかがえる。

図表１０　企業が取り組む対策別女性社員の妊娠・出産時までの就業継続状況（企業調査）

①正社員

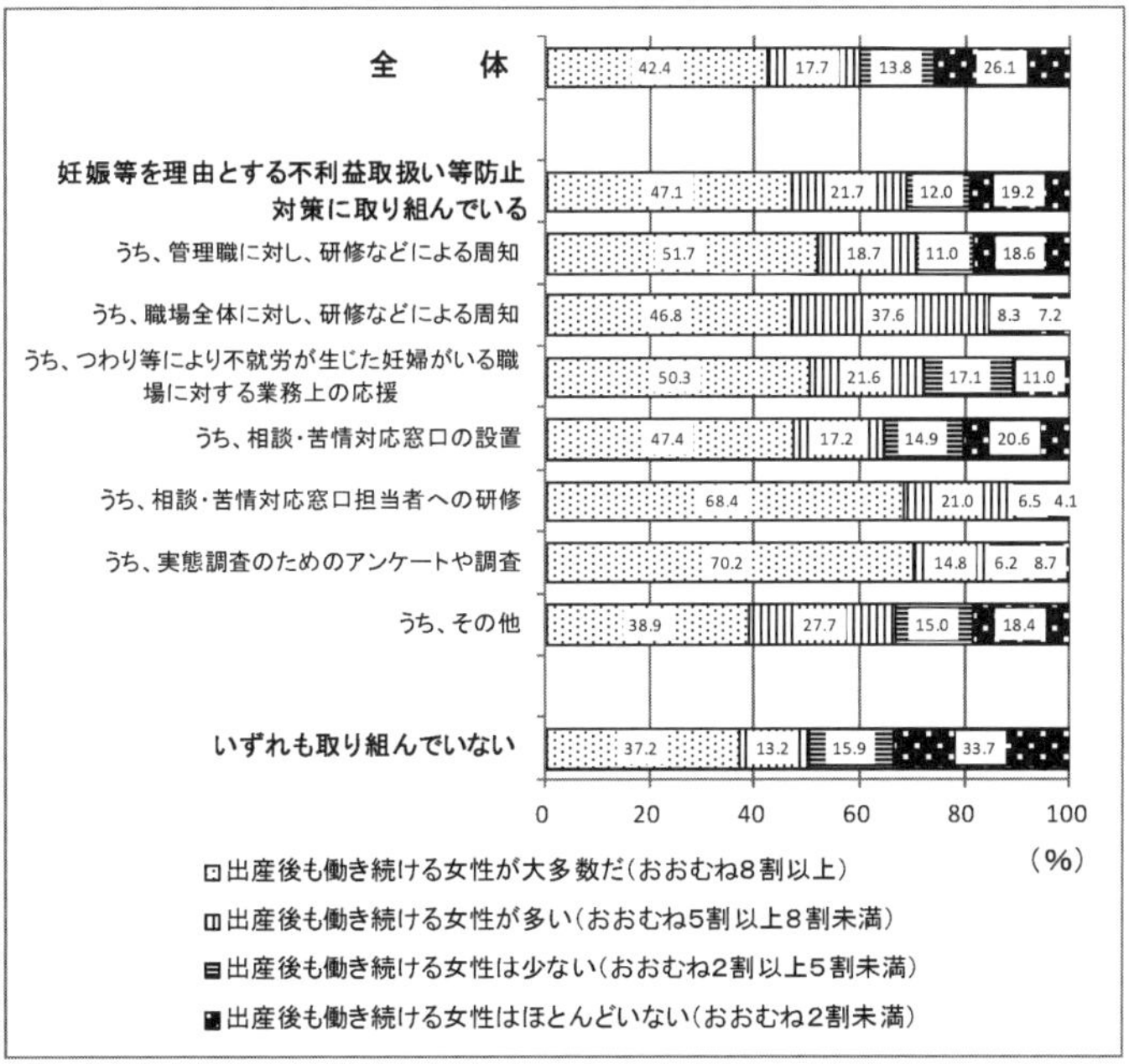

②有期契約労働者

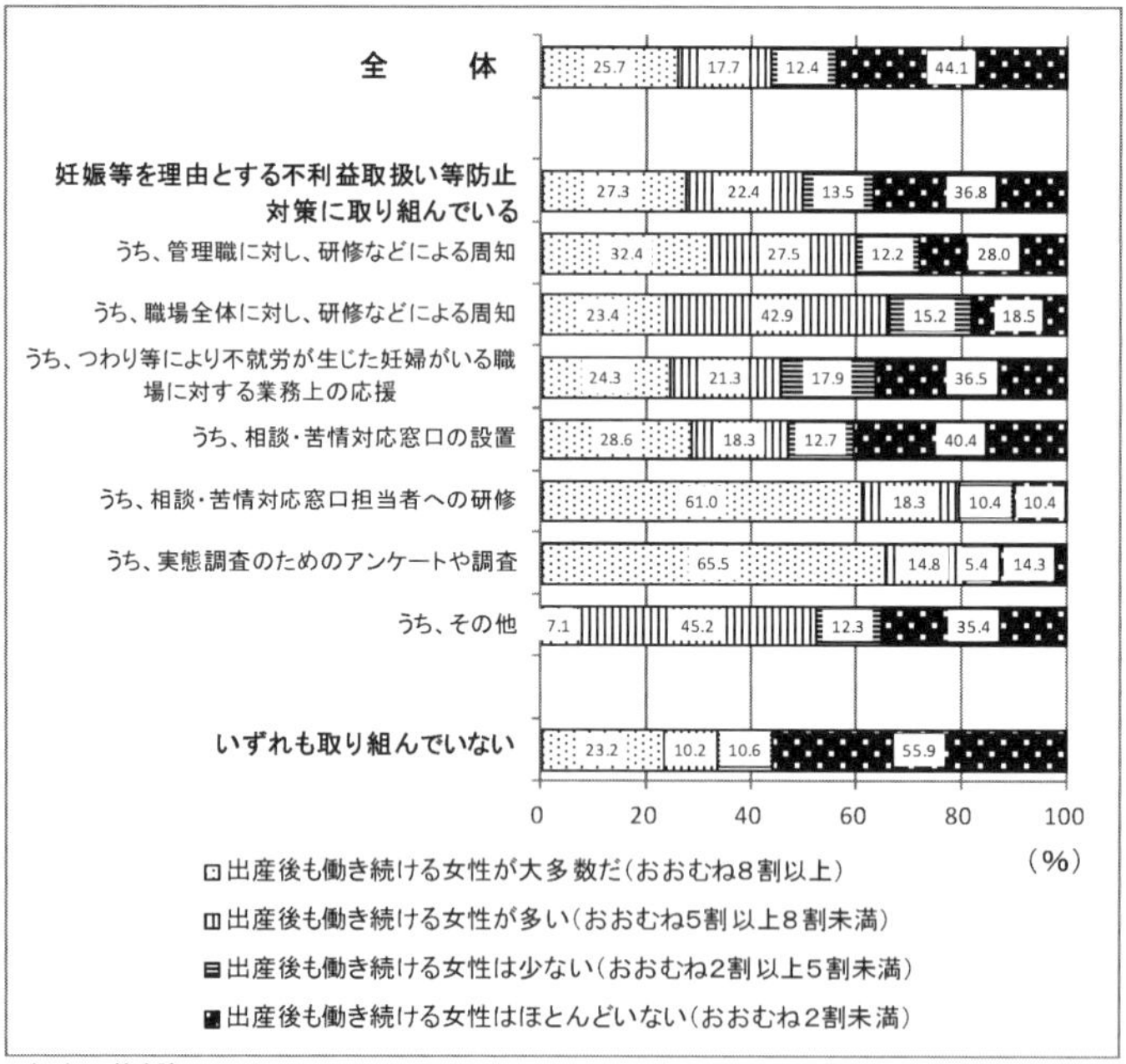

（注）無回答を除く。

３．セクシュアルハラスメント[9]の状況

（１）雇用形態、企業規模別セクシュアルハラスメント経験率

セクシュアルハラスメントを経験した労働者割合は 28.7％であり、企業規模が大きいほどやや高い傾向がみられる。雇用形態別には正社員で 34.7％と高く、パートタイマーでは 17.8％と低い。

図表１１　雇用形態、企業規模別セクシュアルハラスメント経験率（個人調査）

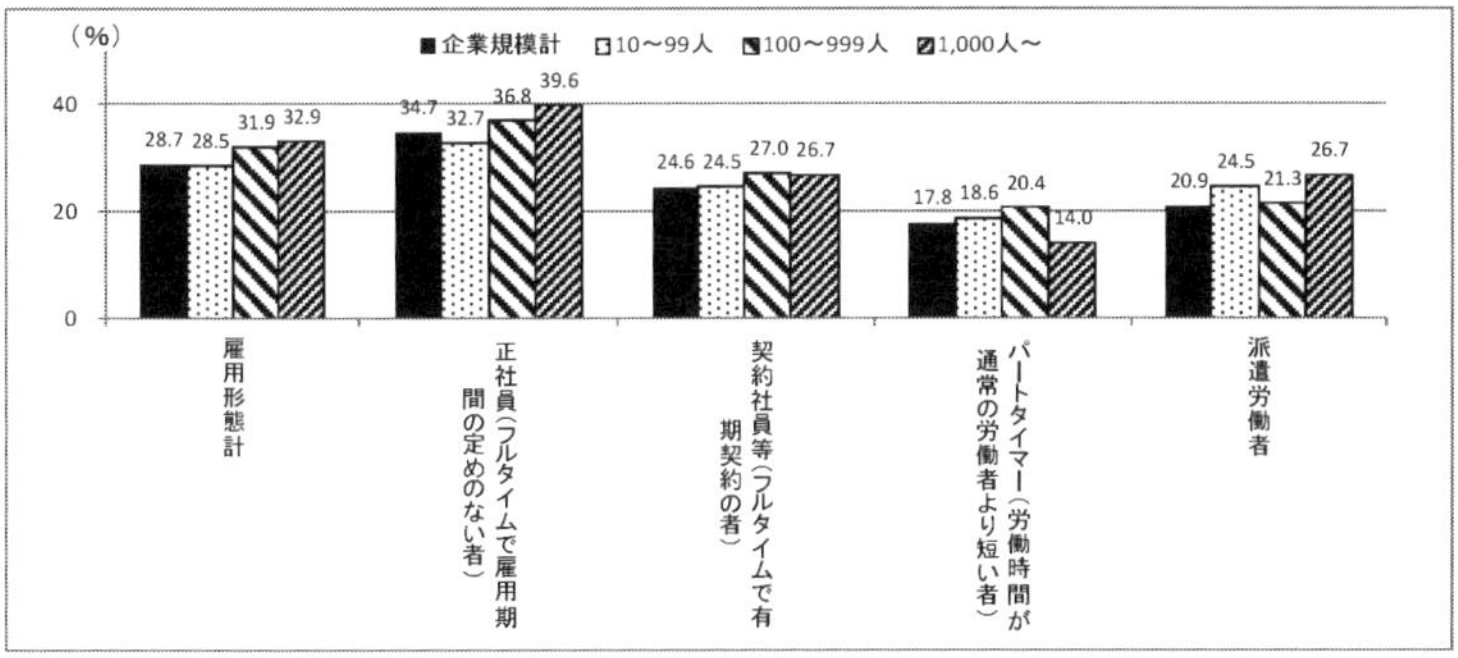

（注）1.最近2つまでの職場についてのセクシュアルハラスメント経験について、無回答を除く、のべ回答者数はn＝14,279。
2.企業規模計には規模1～9人、官公庁、規模不明を含む。
3.経験率は、最も重大と考える事案を経験したときの雇用形態別経験者を、現在または退職時の雇用形態別未経験者数との合計で除して求めている。

（２）セクシュアルハラスメントの態様

セクシュアルハラスメントの態様別にみると、最も多いのは「容姿や年齢、身体的特徴について話題にされた」で 53.9％である。次いで「不必要に身体に触られた」（40.1％）、「性的な話や、質問をされた」（38.2％）の順である。雇用形態別にみても全ての雇用形態で「容姿や年齢、身体的特徴について話題にされた」が最も高いが、２番目に高い態様は正社員と契約社員等では「不必要に身体に触られた」、パートタイマーと派遣労働者では「結婚、子どもの有無など私生活に関わることについて必要以上に質問された、話題にされた」であった。

[9] セクシュアルハラスメントの内容については後出の図表１２を参照されたい。

図表１２　セクシュアルハラスメントの態様（個人調査）

（複数回答、%）

	雇用形態計	正社員	契約社員等	パートタイマー	派遣労働者
不必要に身体に触られた	40.1	42.5	39.3	38.8	26.0
酒席等でお酌やデュエットを強要された、席を指定された	35.2	38.7	32.3	23.1	27.6
執拗に２人きりでの食事等に誘われたり、交際を求められたりした	27.5	27.0	30.8	25.8	24.5
性的関係を求められた、迫られた	16.8	16.1	16.9	18.4	10.5
セクシュアルハラスメントに対し、拒否や抗議の姿勢を示した結果、降格など業務上の不利益を受けた	11.4	10.0	12.8	14.0	6.1
性的な話や、質問をされた（例：性生活についてたずねられた、卑猥な冗談を聞かされた）	38.2	38.9	36.2	40.5	31.4
ヌード写真・雑誌等やパソコンの壁紙が水着写真等になっているのが目に入る環境だった	13.6	13.2	11.9	12.8	10.5
容姿や年齢、身体的特徴について話題にされた	53.9	53.5	51.6	55.1	58.2
結婚、子どもの有無など私生活に関わることについて必要以上に質問された、話題にされた	36.8	33.9	35.6	45.5	42.3
「男のくせに」「女には仕事を任せられない」などと発言された	22.1	22.6	21.5	19.1	16.8
「男の子、女の子」「おじさん、おばさん」といった呼び方をされた	31.3	31.2	29.3	31.5	28.1
その他、上記以外のセクシュアルハラスメントを受けた	20.2	18.8	20.6	21.4	20.4

（注）1.最近2つまでの職場において、何らかのセクシュアルハラスメント経験者 n＝4,105について集計。
2.雇用形態計には「わからない」、無回答を含む。
3.セクシュアルハラスメント「経験率」ではないことに注意。

（3）セクシュアルハラスメントの行為者別割合

セクシュアルハラスメントを誰から受けたかについて、態様別にみると、男女別にはすべての態様で男性からが女性からを大きく上回っている。また、妊娠等を理由とする不利益取扱い等よりも女性から受ける割合が総じて低い（前出図表６－１、男性から 55.9%、女性から 38.1%）。

経験者との関係別には、「酒席等でお酌やデュエットを強要された、席を指定された」で「直属の上司」（28.5%）、「直属上司よりも上位の上司、役員」（27.4%）、「容姿や年齢、身体的特徴について話題にされた」で「直属の上司」（26.0%）などが高い。

図表１３　セクシュアルハラスメントの行為者別割合（個人調査）

①雇用形態計

（%）

	総数	男性	女性	職場の直属上司	直属上司よりも上位の上司、役員	職場の同僚、部下	別の部署の社員	取引先や顧客など	雇用されている派遣元の社員・役員	左記以外	わからない
全　体	100.0	69.0	14.5	24.1	17.2	17.6	12.0	7.6	1.9	3.2	16.5
不必要に身体に触られた	100.0	78.6	7.8	25.7	17.4	12.6	14.0	10.8	2.1	3.8	13.7
酒席等でお酌やデュエットを強要された、席を指定された	100.0	77.5	9.4	28.5	27.4	11.9	9.3	6.8	0.8	2.2	13.1
執拗に２人きりでの食事等に誘われたり、交際を求められたりした	100.0	75.5	5.5	18.7	13.8	15.5	15.2	11.8	2.2	3.8	19.0
性的関係を求められた、迫られた	100.0	60.9	6.9	17.6	11.3	13.4	12.3	8.9	1.2	3.1	32.2
セクシュアルハラスメントに対し、拒否や抗議の姿勢を示した結果、降格など業務上の不利益を受けた	100.0	40.8	13.2	17.4	14.5	6.9	7.1	4.1	2.0	2.0	46.0
性的な話や、質問をされた（例：性生活についてたずねられた、卑猥な冗談を聞かされた）	100.0	80.0	9.3	25.4	17.1	21.3	12.9	7.6	2.1	2.8	10.7
ヌード写真・雑誌等やパソコンの壁紙が水着写真等になっているのが目に入る環境だった	100.0	50.4	9.0	15.1	9.7	14.4	11.7	4.3	1.4	2.9	40.6
容姿や年齢、身体的特徴について話題にされた	100.0	70.5	22.0	26.0	16.6	24.3	13.8	6.3	2.5	3.0	7.5
結婚、子どもの有無など私生活に関わることについて必要以上に質問された、話題にされた	100.0	59.9	28.2	25.5	17.0	21.8	11.1	6.3	2.3	4.0	11.9
「男のくせに」「女には仕事を任せられない」などと発言された	100.0	64.2	13.8	25.2	18.7	14.5	8.1	7.6	1.3	2.7	21.9
「男の子、女の子」「おじさん、おばさん」といった呼び方をされた	100.0	71.7	14.7	23.8	16.8	18.7	13.0	9.6	1.3	3.1	13.6
その他、上記以外のセクシュアルハラスメントを受けた	100.0	49.5	12.6	19.5	12.4	12.0	7.6	4.3	1.6	4.8	37.9

②うち、派遣労働者

（%）

	総数	男性	女性	職場の直属上司	直属上司よりも上位の上司、役員	職場の同僚、部下	別の部署の社員	取引先や顧客など	雇用されている派遣元の社員・役員	左記以外	わからない
全体	100.0	67.8	18.1	22.6	10.8	21.7	12.3	3.6	10.5	4.2	14.1
不必要に身体に触られた	100.0	80.2	7.8	25.0	10.3	13.8	15.5	6.0	14.7	2.6	12.1
酒席等でお酌やデュエットを強要された、席を指定された	100.0	82.5	2.9	34.3	17.5	10.9	12.4	2.2	5.8	2.2	14.6
執拗に２人きりでの食事等に誘われたり、交際を求められたりした	100.0	85.3	2.8	16.5	13.8	19.3	18.3	3.7	10.1	6.4	11.9
性的関係を求められた、迫られた	100.0	59.5	0.0	23.8	2.4	16.7	7.1	7.1	2.4	0.0	40.5
セクシュアルハラスメントに対し、拒否や抗議の姿勢を示した結果、降格など業務上の不利益を受けた	100.0	33.3	8.3	20.8	12.5	0.0	0.0	0.0	8.3	0.0	58.3
性的な話や、質問をされた（例：性生活についてたずねられた、卑猥な冗談を聞かされた）	100.0	82.3	7.9	24.4	11.0	25.6	11.0	3.0	14.0	1.2	9.8
ヌード写真・雑誌等やパソコンの壁紙が水着写真等になっているのが目に入る環境だった	100.0	59.6	2.1	14.9	8.5	27.7	6.4	0.0	4.3	0.0	38.3
容姿や年齢、身体的特徴について話題にされた	100.0	65.7	28.5	23.0	10.1	27.8	12.7	4.3	12.7	3.6	5.8
結婚、子どもの有無など私生活に関わることについて必要以上に質問された、話題にされた	100.0	57.0	34.9	21.5	9.5	25.7	12.7	3.9	11.3	7.4	8.1
「男のくせに」「女には仕事を任せられない」などと発言された	100.0	60.2	17.2	21.5	14.0	17.2	9.7	3.2	7.5	4.3	22.6
「男の子、女の子」「おじさん、おばさん」といった呼び方をされた	100.0	66.9	19.1	21.7	12.1	19.7	11.5	3.8	10.2	7.0	14.0
その他、上記以外のセクシュアルハラスメントを受けた	100.0	52.8	9.0	14.6	4.5	16.9	13.5	1.1	5.6	5.6	38.2

（注）1. 最近２つまでの職場でのセクシュアルハラスメント経験について、複数回答のべ回答数に占める割合。のべ件数はｎ＝19,230。
2. 派遣労働者は、最も重大と考える事案を経験したときの雇用形態が派遣労働者であった者。のべ件数はｎ＝1,679。

(4) セクシュアルハラスメント経験者の対応

セクシュアルハラスメントを受けた者がとった対応としては、「がまんした、特に何もしなかった」が雇用形態計で63.4%、雇用形態別にみてもいずれも6割台と最も高い。次いで「会社の同僚に相談した」(14.4%)、「上司に相談した」(10.4%)であるが、「上司に相談した」はパートタイマーや派遣労働者では正社員、契約社員等に比べて低くなっている。

一方、派遣労働者については、「派遣会社に相談した」が8.0%となっており、パートタイマーについては、「家族に相談した」が11.6%と高く、契約社員等については、「会社の相談窓口、担当者に相談した」が5.7%と比較的高い。労働組合や社外の組織はあまり利用されていない。

図表14　セクシュアルハラスメントを受けた本人の対応(個人調査)

(複数回答、%)

	雇用形態計	正社員(フルタイムで雇用期間の定めのない者)	契約社員等(フルタイムで有期契約の者)	パートタイマー(労働時間が通常の労働者より短い者)	派遣労働者
加害者に抗議した	10.2	11.4	10.7	6.4	8.7
会社の同僚に相談した	14.4	16.1	13.1	12.1	12.9
会社の相談窓口、担当者に相談した	3.1	3.0	5.7	2.3	1.8
上司に相談した	10.4	12.0	12.2	6.9	6.4
派遣会社に相談した	1.2	0.1	2.4	0.8	8.0
労働組合に相談した	0.9	0.8	1.3	1.3	0.5
労働局(雇用均等室、労働基準監督署、ハローワーク)に相談した	0.9	1.0	0.7	1.0	0.5
警察や弁護士に相談した	0.6	0.7	0.7	0.6	0.0
地方自治体やNPOなどの団体に相談した	0.2	0.2	0.4	0.2	0.3
家族に相談した	7.4	7.0	7.6	11.6	5.9
その他	6.6	5.8	6.1	6.9	5.1
がまんした、特に何もしなかった	63.4	62.1	61.2	67.6	66.8

(注)1.最近2つまでの職場について、セクシュアルハラスメント経験者(対応「無回答」を除く、n=4,056)に占める割合。
2.雇用形態計には「わからない」、無回答を含む。

(5) 会社の対応状況

「会社の相談窓口、担当者に相談した」「上司に相談した」者について、会社の対応状況をみると、「発言者・行為者に対する注意が行われた」が36.4%と最も多く、次いで「事実関係の確認が行われた」が29.1%となっている。

一方、「特段の対応は行われなかった」が22.7%、相談した結果逆に「上司や同僚から嫌がらせを受けた」が5.7%あり、「解雇や退職強要等の不利益取扱いを受けた」が3.6%となっている。

図表１５　セクシュアルハラスメントの相談を受けた会社の対応（個人調査）

（複数回答、%）

	雇用形態計	正社員(フルタイムで雇用期間の定めのない者)	契約社員等(フルタイムで有期契約の者)	パートタイマー(労働時間が通常の労働者より短い者)	派遣労働者
事実関係の確認が行われた	29.1	29.2	33.8	30.2	23.3
あなたの了解を得て異動させるなど、あなたに対する配慮措置が行われた	10.7	12.1	8.1	11.6	0.0
発言者・行為者に対する注意が行われた	36.4	36.6	33.8	44.2	36.7
発言者・行為者を異動させた	7.7	7.7	9.5	9.3	3.3
発言者・行為者を懲戒した	6.3	5.6	9.5	4.7	10.0
その他の発言者・行為者に対する措置が行われた	6.5	7.1	4.1	9.3	3.3
職場全体に対する注意喚起が行われた	10.1	9.1	16.2	9.3	3.3
その他の再発防止策が講じられた	5.7	5.9	1.4	9.3	6.7
事実関係の確認の結果、事実関係がないとされた	2.6	2.7	0.0	2.3	10.0
その他の対応が行われた	7.7	6.8	10.8	4.7	13.3
特段の対応は行われなかった	22.7	24.2	14.9	20.9	30.0
解雇や退職強要等の不利益取扱いを受けた	3.6	2.1	6.8	11.6	3.3
意に沿わない異動をさせられた	3.0	2.4	6.8	2.3	3.3
上司や同僚から嫌がらせを受けた	5.7	4.7	9.5	9.3	3.3
わからない	6.7	6.8	5.4	7.0	6.7

（注）1.最近2つまでの職場について、セクシュアルハラスメント経験者のうち、「会社の相談窓口、担当者に相談した」、「上司に相談した」者（対応「無回答」を除く、n=494）に占める割合。
2. 雇用形態計には「わからない」、無回答を含む。
3.派遣労働者については、「派遣会社に相談した」結果は調査しておらず、この場合の対応を含まない数値であることに注意を要する。

（６）セクシュアルハラスメント防止対策

セクシュアルハラスメントの防止対策に取り組んでいる企業は59.2％である。

取り組んでいる事項（複数回答）としては、「相談・苦情対応窓口の設置」が36.5％と最も多く、次いで「セクシュアルハラスメントがあってはならない旨の方針の明確化」が29.6％、「セクシュアルハラスメント行為者に対する懲戒等の対処方針の文書化（就業規則等）」が25.7％となっている。

相談・苦情対応窓口を設置している企業についてその方法（複数回答）をみると、「人事担当者や職場の管理職を相談担当者に決めている」が74.2％で際だって多い。

相談・苦情対応窓口に配置している者の性別をみると、「男女双方を配置している」が53.5％、「男性のみ配置」が35.1％、「女性のみ配置」が11.4％の順となった。

図表１６　セクシュアルハラスメント防止対策（企業調査）

セクシュアルハラスメントを防止するための対策

		(%)
取り組んでいる		59.2
	セクシュアルハラスメントがあってはならない旨の方針の明確化(A)	29.6
	(A)の方針の管理職研修など周知啓発	16.3
	(A)の方針の全労働者に対する研修など周知啓発	11.4
	セクシュアルハラスメント行為者に対する懲戒等の対処方針の文書化(就業規則等)(B)	25.7
	(B)の対処方針の管理職に対する周知啓発	8.8
	(B)の対処方針の全労働者に対する周知啓発	10.4
	相談・苦情対応窓口の設置	**36.5**
	相談・苦情対応窓口担当者への研修	3.4
	実施把握のためのアンケートや調査	3.7
	その他	5.7
取り組んでいない		40.8

相談・苦情対応窓口の形態

		(%)
相談・苦情対応窓口を設置している		100.0
	人事担当者や職場の管理職を相談担当者に決めている	74.2
	企業内に相談室を設置し、相談専門の担当者を配置している	12.9
	労使による苦情処理委員会を設置している	4.0
	企業内に専用電話を開設している	7.0
	社外の専門機関に委託している	8.9
	その他	16.8
	男女双方を配置	53.5
	男性のみ配置	35.1
	女性のみ配置	11.4

(注)相談・苦情対応窓口の男女別配置状況以外は複数回答。無回答を除く。

（７）雇用形態別、態様別、セクシュアルハラスメントの把握と対応状況

雇用形態別に３年以内に把握したセクシュアルハラスメント事案の有無をみると、正社員について把握した企業が 9.6％と最も多く、次いで他企業からの派遣労働者について 5.6％、パートタイマーについて 4.5％の順となっている。

把握したセクシュアルハラスメントの態様（複数回答）についてみると、正社員については「不必要に身体に触られた」(18.0％)、「『男の子、女の子』『おじさん、おばさん』といった呼び方をされた」(15.9％)、「性的な話や、質問をされた」(11.0％)、「容姿や年齢、身体的特徴について話題にされた」(11.0％)の順となっており、他の雇用形態に比べて「『男の子、女の子』『おじさん、おばさん』といった呼び方をされた」の割合が高い。

他の雇用形態についても、同様の態様が比較的多いが、他企業からの派遣労働者については「執拗に２人きりでの食事等に誘われたり、交際を求められたりした」(11.0％)が比較的多く、他企業への派遣労働者（有期契約）については「内容については分からない」が 78.4％と高くなっている。

企業の対応（複数回答）についてみると、「事実関係の確認を行った」がどの雇用形態についても多い。その他「発言者・行為者に対する注意を行った」や「職場全体に対する注意喚起を行った」とする企業が比較的多い。また、正社員に対して「特段の対応を行わなかった」企業が 12.7％と他の雇用形態に比べ多くなっている。

図表１７　雇用形態別、態様別セクシュアルハラスメントの把握と対応状況（企業調査）

（%）

	正社員	契約社員等フルタイムの有期契約労働者	パートタイマー	他企業への派遣労働者（有期契約）	他企業からの派遣労働者
3年以内に何らかのセクハラを把握した	9.6 (100.0)	3.3 (100.0)	4.5 (100.0)	1.1 (100.0)	5.6 (100.0)
（態様）					
不必要に身体に触られた	(18.0)	(6.2)	(18.3)	(11.9)	(12.4)
酒席等でお酌やデュエットを強要された、席を指定された	(5.3)	(0.5)	(0.4)	(0.0)	(0.0)
執拗に2人きりでの食事等に誘われたり、交際を求められたりした	(6.4)	(8.0)	(3.7)	(4.1)	(11.0)
性的関係を求められた、迫られた	(3.7)	(2.2)	(0.7)	(0.0)	(0.1)
セクシュアルハラスメントに対し、拒否や抗議の姿勢を示した結果、降格など業務上の不利益を受けた	(2.9)	(0.0)	(0.5)	(0.0)	(0.0)
性的な話や、質問をされた	(11.0)	(10.4)	(10.5)	(1.0)	(6.3)
ヌード写真・雑誌等やパソコンの壁紙水着写真等になっているのが目に入る環境だった	(1.5)	(0.0)	(1.6)	(0.0)	(0.2)
容姿や年齢、身体的特徴について話題にされた	(11.0)	(9.6)	(10.0)	(0.0)	(4.6)
結婚、子どもの有無など私生活に関わることについて必要以上に質問された、話題にされた	(9.2)	(8.1)	(8.0)	(0.0)	(4.5)
「男のくせに」「女には仕事を任せられない」などと発言された	(0.3)	(2.1)	(0.2)	(6.2)	(1.2)
「男の子、女の子」「おじさん、おばさん」といった呼び方をされた	(15.9)	(0.0)	(0.1)	(6.2)	(5.6)
その他、上記以外のセクシュアルハラスメントを受けた	(8.6)	(6.8)	(1.6)	(13.1)	(2.2)
内容については分からない	(32.9)	(40.3)	(42.1)	(78.4)	(10.5)
（対応状況）					
事実関係の確認を行った	(63.1)	(59.2)	(84.8)	(94.1)	(84.2)
相談者の了解を得て異動させるなど、相談者に対する配慮措置を行った	(13.9)	(27.7)	(9.4)	(41.6)	(27.5)
発言者・行為者に対する注意を行った	(42.9)	(44.2)	(52.2)	(47.5)	(89.2)
発言者・行為者を異動させた	(16.3)	(24.7)	(5.4)	(0.0)	(10.8)
発言者・行為者を懲戒した	(15.2)	(18.0)	(13.5)	(0.0)	(5.6)
その他の発言者・行為者に対する措置を行った	(5.3)	(19.1)	(1.8)	(33.1)	(4.2)
職場全体に対する注意喚起を行った	(35.9)	(51.9)	(26.0)	(66.6)	(32.1)
その他の再発防止策を講じた	(10.6)	(23.1)	(4.9)	(5.9)	(2.8)
事実関係の確認の結果、事実関係がなかった	(2.0)	(0.4)	(0.8)	(30.2)	(5.6)
その他の対応を行った	(7.2)	(0.4)	(5.9)	(0.0)	(12.1)
特段の対応は行わなかった	(12.7)	(1.4)	(1.3)	(5.8)	(1.0)

（注）無回答を除く。複数回答。

著者プロフィール　石崎《いしざき》 冬貴《ふゆき》

1984年東京都出身。早稲田大学法学部、千葉大学大学院専門法務研究科修了。弁護士・社会保険労務士・フードコーディネーター。現在、横浜パートナー法律事務所所属。飲食店・飲食業界の紛争を専門的に扱うほぼ唯一の弁護士。チェーン展開している飲食店から、個人事業者や飲食店コンサルタントまで、多様な飲食関連企業を顧客としている。

連絡先　横浜パートナー法律事務所
横浜市中区日本大通７番地 日本大通7ビル８階 〒231－0021
電話　045-680-0573
メール　ishizaki@ypartner.com

資料協力　公益社団法人日本食品衛生協会
独立行政法人労働政策研究・研修機構

なぜ、飲食店は一年でつぶれるのか？
―飲食店専門弁護士が明かすトラブルと解決法―

発行日　平成30年５月２日初版発行

著者　石崎冬貴（いしざきふゆき）

制作者　永瀬正人
発行者　早嶋茂
発行所　株式会社旭屋出版
東京都港区赤坂1-7-19キャピタル赤坂ビル8階〒107－0052
電話　03－3560－9065（販売）
03－3560－9066（編集）
FAX　03－3560－9071（販売）

郵便振替　00150－1－19572
旭屋出版ホームページ　http://www.asahiya-jp.com

デザイン　株式会社スタジオゲット（宮田彩香・小森秀樹）

印刷・製本　株式会社シナノ

ISBN978-4-7511-1328-8 C2034